検証 学生運動

戦後史のなかの学生反乱

れんだいこ 著

社会批評社

【検証 学生運動】（上巻）

目　次

○表紙カバー写真　1969年1月の東大安田講堂の攻防戦（毎日新聞社提供）

【検証 学生運動（下巻）】目 次

序章　いまなぜ学生運動を検証するのか

【日本左派運動内のもつれた糸を紐解く】

思い起こせば筆者体験であるが、全共闘学生運動の華やかりし頃、検挙に継ぐ検挙をものともせず、60年安保闘争に負けじとばかりの闘いの炎が猛り狂っていた。この頃の伝聞である。新参で入獄して来た活動家に対して、獄中の活動家が放った言葉が「革命はなったか」であった。云った本人は至極マジであった。これが面白おかしく伝えられていた。こういう逸話は捜すまでもなくゴマンとある。かの時代が終わったのは確かである。

「きみまろ」ではないが「あれから40年」。余りにも情況が悪くなった。我が国の政治権力者の治世能力が格段に落ちている。政治運動全体が漫談化している。にも拘わらず左派運動の先頭に立ってきた学生運動の灯が潰えている。仄聞するところ、中核派系の学生による法政大での闘争が聞こえる程度である。なぜこのようなことになってしまったのだろうか。政治運動のみならず政治評論さえ消えている。久しくまともな言及に出会ったためしがない。筆者は、「饒舌無内容の失語症時代」と規定している。この状況を打開する為に何をすれば良いのだろうか。かつての活動家なら均しく憂いているであろう。

こういう問題意識は時空を飛ぶ。漸くかの時代の再検証の動きが始まっている。若松孝二監督が、『実録・連合赤軍　あさま山荘への道程』を制作し各地で上映されている。藤山顕一郎監督が、今日時点に於ける新旧学生運動家の結節組織である「9条改憲阻止の会」の面々の闘いを『We命尽きるまで』に編集し上映されている。筆者はこの動きを奨励したい。できることならこれを契機に、学生運動史上の名場面を採掘したシリーズものを望みたい。特に採り上げるシーンは、戦後直後の勃興期の学生運動、1951年の血のメーデー、その直後からの山岳武装闘争、1955年以来の砂川闘争、警職法闘争、勤評闘争、原水禁運動、60年安保闘争、1967年の激動の7ヶ月の諸闘争、全共闘運動、その頂点としての東大安田砦攻防戦、よど号赤軍派事件、70年安保闘争、連合赤軍派事件、アラブ赤軍派事件、中核派対革マル派、社青同解放派対革マル派の党派間武装闘争、川口君虐殺糾弾早大闘争、三里塚闘争等々と続くフィルムを見てみたい。

しかし、これをどう描くかが肝腎であろう。筆者は、無条件的讃美も批判も相応しくないと思っている。願うらくは、過去そういう運動があったという史実の確認と、今日時点でこれをどう評するべきかで生産的な議論を呼ぶような構成にして貰いたい。書籍では、この間それなりの回顧物が出版されてはいる。但し、今日時点に於いてはいずれも、それらの分析観点は既にステロタイプなものでしかない。失礼を顧みず云わせていただくなら、筆者の学生運動論が現れるまでの意義しか持ち合わせていないように思われる。筆者の学生運動論が公開されて以降は、この地平から抜け出したものでなくては意義が減じよう。筆者には、そういう自負がある。これを契機に関心者が共同テーブルに付くことを願う。

そういう折の2008年元旦、『検証内ゲバ1・2』等々の出版で日本左派運動の諸問題に積極的に切り込んでこられている社会批評社の小西さんとEメールで年賀挨拶を交わした。筆者はこの時、『対話物語　学生運動史』の上宰を着想し、お盆の頃までに書き上げる旨表明した。小西さんは「期待する。でき上がったら原稿を送ってください」とエールしてくれた。こうして筆者の出版決意が固まったが、さて、どう纏《まと》めるかということになった。既にネット上に「戦後学生運動考」をサイトアップしている。これを原資料として、要点整理のような形で纏《まと》めることもできる。これなら割合早くできる。しかし、既に書き上げているものを単にブック化するよりも、今までの書き付けを踏まえての新たな学生運動論を著してみたい、そういう形でもう一汗掻きたいと思った。当初は盆の頃までにはできると思っていたが、大幅に遅れて今ようやくでき上がった。

筆者は、学生運動論になぜ拘るのか。それは、僅かな期間といえども青春時代に掛け値なしの感性で没頭した生命が宿され、今も息づいているからであると思う。あの時、マルクス主義的な観点を得た。これは貴重であった。他方逆に、そのステンドグラス的メガネを掛けたことにより却って曇った面、失った面もあるような気がしている。マルクス主義的観点を受容したことにより社会に妙な拘りを持ち、停滞的ながらも伝統的に愛育してきている日本社会の善良なしきたりに盲目となり、それがその後の筆者の人生を妙に屈折ないしは半身構えにさせたかも知れないと思っている。

その汚れを落としながら、伝統的なもののうち必要なものは継承しつつ新たな観点を模索し続けているのが現在の筆者である。今もその途上にある。そういう風に形成されつつある筆者の思想観、歴史観を仮に「れんだいこ史観」と命名する。これによれば、既成の学生運動論もマルクス主義解説本も殆ど役に立たない。史実検証的なところは学ばせていただくことができるが、著者の評価的なくだりはバッサリ切り捨てるしかない。「れんだいこ史観」と市井の評者のそれはそれほど隔たっている。

そういう新たな視点に基づく学生運動論を提起したいと思う。その成果として、端的に現在の日本左派運動の余りにもな逼塞情況に打開の道筋を生み出したい。筆者が見立てるところ、日本左派運動はもつれにもつれた糸で身動きできなくされており、筆者以外には誰も解けない気がする。これが本書執筆の理由となっている。大言壮語かどうか、それは読んでみてからのお楽しみにして欲しい。

【筆者の執筆観点】

本書の執筆観点を明らかにしておく。筆者は、政治情況が革命を欲しているにも拘わらず、日本左派運動史の負の遺産がのしかかり、何を信じてどう闘えば良いのか、確信と展望を失っていることが遠因で低迷していると考えている。このまま行くと日本左派運動そのものが、壊死してしまう怖れを感じている。これを憂う同志が少なからず存在すると信じている。そういう訳で今こそ、かつて存在した学生運動の功罪を見据えた正確な理解を求めたがっているのではないかと窺う。本書は、これに応えるものである。

しかし、これを中立公正に書き上げるとなると難しい。そこで、まずは真紅の熱血が確かに在って、理論はともかくも本能的に正しく実践したと評価できる運動の流れを中心に検証し、これを芯としてその他の潮流も確認してみようと思う。そういう意味での「中立公正」に書き上げるよう苦心した。何事も見立てが難しい。その見立てを正しくして最低限伝えねばならない動きを記しながら、筆者自身が得心できるような新たな学生運動論を纏め、世に問いたいと思う。

なぜ適正なテキストが必要かというと、これがないと盲目運動に堕してしまうからである。日本左派運動の弊害ないしは幼稚性として、どういう訳か史実を刻まず伝承しようとしない作風がある。僅かの史実も自派に都合の良いように書き換えして憚らない作風がある。史書の重要性を顧慮しないこういう運動が、首尾よく進展しないのは自明であろう。

具体的に戦後学生運動論をどう書くか、ここで視点を明らかにしておきたい。一つは、当時の時点に立ち戻り、当時の感覚に立ち入り内在的に書くのも一法である。肯定的に継承する場合にはこの方法が良い。だが、これから追々記すように半ば肯定、半ば否定的に記す場合には、姿形が見えて来た今日の視点より過去を論評的に書く方が適切ではなかろうか。その後の学生運動の衰微を知る今となっては当時の正義を語るより、今日から見た当時の理論及び実践上の欠陥を指摘しつつその後の衰微の事由を検証して行く方が説得的ではなかろうか。

実は、ここに拘る事由がある。筆者は今、戦後学生運動のみならず近年から現代に至る左派運動総体がどうやらその正体が怪しいと気づいている。当然、全否定するようなものではない。肯定的に受け止めるべき流れと、それに纏《まと》いついた不正の流れを仕分けし、その両面を考察せねばなるまいと気づいている。こういう気づきを得ているので、当時の感覚に深のめりして書くより、肯定面のそれと否定面のそれを分離させつつ評論しようと思う。その方が却って適切なのではなかろうかと考えている。

では、マルクス主義の負の面とは何であろうか。当然、関心はそのように向かう。筆者はかく述べる。マルクスは、初期の『共産主義者の宣言』から晩年の不朽の名作『資本論』に至るまで一貫して、社会発展の歴史的発展必然行程として封建制から資本制への転換を認め、資本制の次に待ち受ける段階として社会主義、共産主義への歩みを展望させた。これにより、プロレタリアートに対し、資本制からの解放と救済を主眼とする歴史的使命と闘う武器としての理論を与えた。これが、マルクス主義の功績である。

ところで、マルクスが資本制下に苦吟するプロレタリアートに闘いの根拠と正義を与えたのは良いとして、人類社会の歴史的行程として封建制から資本制への転換をいとも容易く歴史的必然として容認したのはいかがなものであろうか。筆者は今、眉唾すべきではなかったかと考えている。ここには明らかに理論の飛躍と詐術が認められるように思うというのが、れんだいこ史観である。本来の歴史的発達は、幾ら科学と産業が発達したとしても、その後の歴史に立ち現れたような資本制には必然的には移行し難いのではなかろうか。資本制に移行したのは、歴史的必然としてではなく明らかに人為的なものなのではなかろうか。その推進者及び推進主体なしには為し得なかったのではなかろうか。この推進者及び推進主体こそが資本制の産みの親であり、体制の黒幕なのではなかろうか。かく認識し直したい。

当然次のようになる。それが人為的なものであるなら、我々が闘うべき対象は、徒な体制批判としての資本制ではなくむしろ資本制を生み出した黒幕に対してではなかったか。そして、資本制が具象化している個々の労働現場で、資本制に代わる生産管理運動的な個々の労働現場でのあるべき在り方を廻る闘いが肝要だったのではなかろうか。この両面を政治運動化すべきなのではなかろうか。筆者は、そのように思い始めている。

マルクスは、この黒幕に対して言及を避けており、むしろその著作は却って煙幕的役割を果たしている気配がある。労働現場でのあるべき在り方を廻る闘いを放棄させ、革命還元主義的な煽り方をしているようにも思える。それらはいずれも、黒幕にとっては痛くも痒くもない、むしろ彼らにとっても有利な革命理論となっているように思われる。これが意図的故意か偶然かまでは判然としないが、マルクスと黒幕との通謀的証拠が遺されているからして没交渉であったとは云い難い。

では、資本制の黒幕とは何及び誰であろうか。当然関心はそのように向かう。筆者はかく述べる。マルクス時代も我々の戦後学生運動時代にも定かには見えなかったが、今日段階ではっきりしているのは、近代から現代へ至る歴史に於いて真なる創造者は、近現代史上裏モンスター的に登場し世界を席捲支配している国際金融資本であり、これが資本制帝国主義の黒幕ではないのか。

戦後学生運動は、否日本及び世界のマルクス主義的左派運動がこのカラクリを見抜けぬまま、マルクス主義を金科玉条視し憧憬し純朴に仕えてきた歴史があるのではなかろうか。左派の国際主義はその空疎性にも拘わらず今なお左派精神を規制しているが、そろそろその不毛、恐さを顧みるべきではなかろうか。マルクス主義者の伝統的宿痾《しゅくあ》は批判に長けるが、こうしたことを内省するのに弱い面があるように思われる。その精神は極めて安逸と罵られるべきではなかろうか。

我々はこうして、史上の真の敵に向かわず、在地の国家権力打倒に勤しむことにより、むしろ真の敵に利用されてきたのではなかろうか。人民大衆が一定シンパシーするもそれ以上接近しなかったことの裏には、こういう事情が有るのではなかろうか。これを批判的に総括せずんば学生運動論を称賛的に書き上げても意味がない。筆者はこのように認識しているので、戦後学生運動及び左派運動総体のこの盲目性を見ないままの運動史を単に字面で叙述することができない。このことを言い添えておきたかった。漸く結論になった。そういう訳で、以上の観点からの学生運動論を書き上げることにする。

これが、筆者の学生運動論上宰事由である。長年腑に落ちなかったものが今次第に溶けつつある。これを如何に暴くか。ここに筆者の能力が掛かっている。願わくば、筆者共々多くの人士が叩き台にしてくれんことを。そして、得心いったなら今からでも遅くない、日本左派運動の軌道をあるべき方向に据え直してくれんことを。こう俯瞰しながら以下、戦後学生運動史を検証する。

【れんだいこの戦後学生運動区分論】

筆者は、戦後学生運動を次のように質的識別する。

第1期は、戦後直後の1945年8月15日から1949年末までの期間とする。「全学連結成とその発展」と命名する。以下同様に時期ごとの本質規定で命名することにする。この時期、学生運動が戦後革命の随伴運動として勃興し連動していく様を窺うことができよう。待望の全学連が創出され、武井系が指導する。主として東京の流れを追うことになるが、紙数の都合上止むを得ない。これをお断りしておく。戦後ルネサンスの息吹が感じられる正成長の時期である。この時期は万事の始まりになるので、俯瞰的に詳論していかざるを得ない。

第2期を1950年から1953年末までの期間とする。共産党中央の分裂の煽りを受け全学連も分裂する時代となる。これを2期に分け、その1を1950年とする。「共産党の50年分裂、国際派に従う全学連」と命名する。「共産党の50年分裂」により、全学連は党中央系所感派と国際派に分かれ反目する事態に陥る。国際派は宮顕派、志賀派、春日（庄）派、国際共産主義者団、神山派、中西派、福本派に分かれる。これに応じて全学連内も色分けされる事態に陥った。全学連中央の武井派は宮顕派の指導に服した。

その2を1951～1953年とする。「50年分裂期の二元的学生運動」と命名する。この時期、所感派が武装闘争を打ち出す。全学連中央は呼応せず専ら反戦平和闘争に向かう。これを批判する部分が全学連中央の奪還に向かい玉井系を創出し武装闘争に向かう。但し、武装闘争が破産するに及び瓦解を余儀なくされる。

第3期を1954年から1955年とする。「6全協の衝撃、全学連の崩壊」と命名する。1954年の学生運動は、所感派の武装闘争が行き詰まり、国際派の平和闘争も特段のものが見られず、学生運動がほぼ壊滅した時期となる。1955年、共産党の6全協が開催され「50年分裂」事態が統一されたが、これにより党中央が徳球系から宮顕系へと転換する。徳球系が賊軍、宮顕系が官軍となり立場が入れ替わる。これより共産党を日共と表記することにする。武装闘争に呼応したグループは切り捨てられ、全学連は有り得べからざる右派系運動に転換させられる。他方、砂川闘争が始まり、これに取り組む過程で新たな急進派が生まれて行く。穏和系は「戦前来の党の旗の下への結集」を第一義にし、この流れが民青同となる。これに対して、急進派は日共に反旗を翻しつつ独自の学生運動路線の模索へと突き進んでいく。

戦後学生運動の第1期、2期、3期はこういう紆余曲折を経る。後の展開から見て留意すべきは、いずれにせよ全学連運動が共産党指導下に展開されていたところに特徴が認められる。これ以降、反日共系全学連が誕生し、独自の歩みを続けて行くことになる。

第4期を1956年から1957年末までの期間とする。反日共系左派運動が胎動する。これを2期に分け、その1を1956年とする。「反日共系全学連の登場」と命名する。この当時最も戦闘的能力を保持していたのが学生党員グループであった。彼らは、この間左右にジグザグする党指導により全学連が瓦解させられた経験から、もはや党の指導そのものを峻拒し始め、自力の「闘う全学連」再建に向かう。これを指導したのが不世出のコンビ「島――生田同盟」であった。この年、2月に「フルシチョフ・テーゼ」、「スターリン批判」、10月「ポーランド・ハンガリー事件」が発生し、衝撃を与える。日共の対応は、先進的学生を到底納得させることができなかった。この怒りが以下の動きへ繋がる。

第4期その2を1957年とする。「革共同の登場」と命名する。この時期、外に於けるソ連邦体制の混迷、それに伴う国際共産主義運動の分裂、内に於ける6全協以降の日共化という事態が生起しており、この新事態にどう対応するのかが問われていた。この時、トロツキー理論が導きの星となった。これにより、トロツキズムを青い鳥と見立てる「共産党に代わる前衛党」として革共同が登場した。但し、太田龍派と黒寛派、関西派の三派対立が続いていくことになる。他方、全学連指導部を形成し始めていた「島――生田同盟」はこれに合流せず、日共内反党中央派として止まりつつ自律形成し始めることになった。この流れが追ってブントを立ち上げる。これを一応「新左翼」と称することにする。こうして、学生運動はこの時期、日共、革共同、全学連という三派が三つ巴で競合しながら正成長して行く稀有な理想的時代となった。

但し、それを平板に受け止めてはならない留意すべきことがあるのでコメントしておく。新左翼の出自経緯はかようなものとして是認できるが、では新左翼がその後日共に代わる党派に成り損なった原因はどの辺りにあったのだろうか。今日に於いてはこう問わねばならない。これについて筆者は思う。新左翼は日共運動の変調を批判しつつも、宮顕、野坂の左派資質の疑惑には向かわなかった。それは、この間宮顕を「唯一非転向者聖像」視したうえで誼を通じ、先行して党中央を形成していた徳球――伊藤律系運動批判に明け暮れていた後遺症でもあった。これにより、

「宮顕聖像を保持し続けたままの反宮顕運動」にシフトして行くことになった。これがスターリニズム批判運動の裏の部分であったと思われる。それは、徳球派の運動を弁証法的に継承しようとしなかったこと、宮顕を左派的スターリニストとして位置づけ続けたという点で二重の誤りであったと思われる。そういう曇った観点のままの急進主義運動を志向したことにより、「日共に代わる前衛党」創出に失敗するのも致し方なかったように思われる。

もう一点確認せねばならない。新左翼は、体制内化し続ける日共運動に対し反体制運動を対置した。しかし、幾ら急進ぶっても体制転覆後の青写真を持たぬままの体制否定運動でしかなかった。即ち、宮顕式体制内化運動と同床異夢の「政治本質的には無責任にして去勢された革命運動」でしかなかった。「革命ごっこ」と揶揄される所以がここにあると思われる。この体質は今日まで続いているように思われる。

してみれば、「左派系新政権樹立、新体制創出」運動という本来の左翼が掲げていた至極真っ当な運動が、意図的か偶然かはともかく一貫して取り組まれることなく今日まで経緯していることになる。これが新左翼運動の陥穽であったと思われる。このことを見据えながら、当時の動きを検証していく必要があろう。この視座抜きの検証は評論に堕することになろう。左派運動がそういう隘路に入ったことにより、その後の左派運動が人民大衆運動からインテリの自己充足運動へ変質した面がなきにしも非ずであろう。既成の日本左派運動史家にはここを衝く視点が欠如している。

第5期を1958年から1960年安保闘争までとする。全学連が日共支配のクビキから離れ、60年安保闘争を牽引する。これを3期に分け、その1を1958年とする。「ブントの登場」と命名する。「島――生田同盟」はブント結成に向かう。全学連急進主義派の一部は革共同に向かったが、その他の多くはブントに流れ込んだ。ブントは、革共同と競うかのごとく60年安保闘争へ向かって進撃を開始する。

第5期その2を1959年とする。「新左翼系全学連の発展」と命名する。この時代のブントを後のブントと識別する際には第一次ブントという。反日共同盟ともいうべきブントと革共同の共同戦線が全学連執行部を掌握する。全学連運動は以降、反日共系が牛耳る定式を確立する。但し、60年安保闘争へ向かう過程で両派が対立し始め激しい主導権争いを演じる。ブントがこれを勝利的に押し進めつつ運動全体を牽引する。

第5期その3を1960年初頭から6月安保闘争までとする。「60年安保闘争・ブント系全学連の満展開」と命名する。60年安保闘争を別立てとする理由は、60年安保闘争の意義を確認したいという意味と、この時成立せしめられた日米新安保条約がその後の日本を縛り、この時より戦後日本が憲法秩序と安保秩序の二重二元構造社会へ入ったという歴史性を際立たせたい為である。当時の全学連運動は、左派運動史上2・1ゼネスト以来の政治情況に肉薄した。国会包囲闘争が連日昂揚し、6・15国会突入闘争で樺美智子が犠牲となる。岸政権は安保改定承認と引き換えに退陣を余儀なくされた。この間、革共同は関西派（西派）と全国委派（黒寛派）に分裂し、全国委派が次第に勢力を増す。民青同派が全学連の統制に服さなくなる。

第6期を1960年の6月安保闘争直後から1964年までとする。全学連が分裂し多様化し始める。これを4期に分け、その1を1960年後半とする。「安保闘争総括を廻るブントの大混乱」と命名する。日共系民青同はいち早く体制を建て直すが、宮顕指導への反発から構造改革派が分離する。革共同全国委がブントに理論闘争を仕掛ける。ブントは60年安保闘争の成果を確認できず、総括を廻り三分裂、四分裂する。あろうことか、「黒寛・大川スパイ事件」で知る人ぞ知る凶状持ちの黒寛の指導する、革共同全国委に雪崩れこむという痴態を見せ分解する。革共同全国委NO2の本多氏の、革命的情熱に魅せられた面が強かったという事情があったようである。島のブント再建の動きが垣間見られるが、もはや如何ともし難かった。この間、社会党系の社青同が誕生する。

第6期その2を1961年とする。「マル学同全学連の確立」と命名する。ブントは大混乱したまま収束がつかず、その過半が革共同全国委系に合流して行く。これにより、全学連は革共同全国委系マル学同の指揮下に入ることになる。残存ブントはブント再建に向かう。以降、全学連は、マル学同、民青同派、構造改革派、ブント再建派、社青同派の五派に分岐する。やがて、構造改革派、ブント再建派、社青同派が三派連合を形成し共同戦線化する。

第6期その3を1962年から1963年とする。「全学連の三方向分裂固定化」と命名する。1962年時点より全学連再統一の道が閉ざされ、それぞれの党派が競合的に自力発展していくことになる。この期の特徴は、正統全学連執行部をマル学同が占め、民青同は別途に全自連、平民学連経由で全学連再建に向かう。反マル学同で一致した三派連合が全学連の統一を模索していくも逆に破産する。こうした時期の1963年、革共同全国委が中核派と革マル派に分裂する。全学連旗は革マル派に引き継がれる。全学連は、革マル系、民青同系、三派連合系、中核派の四つ巴で競合し始める。

第6期その4を1964年とする。「新三派同盟結成・民青同系全学連の登場」と命名する。三派同盟から構造改革派が抜け、代わりに中核派が入り込み新三派同盟が形成される。新たな全学連創出の動きが急になり、民青同が苦節を経て成功する。新三派連合も自前の全学連に向かい始める。

第7期を1965年から1967年までとする。学生運動諸派がそれぞれに定向進化し始める。これを2期に分け、その1を1965年から1966年とする。「全学連の転回点到来」と命名する。1965年頃より60年安保闘争以降低迷していた全学連運動が俄かに活性化し始める。この年、社青同解放派が結成され、べ平連、反戦青年委員会が立ち上がり学生運動と合従連衡する。

1965年頃から大学紛争が始まる。1月、慶応大学で授業料値上げ反対闘争が勃発した。この背景は次のように考えられる。この時期増大し続けるベビーブーマーの大学生化に対して私学が受け皿になった。私学は「マスプロ化」の悪循環に陥った。自民党政府は教育政策に対応能力を持たず、他方で財政投融資をはじめ軍事費にはどんどん予算を投入しつつあった。1966年になるとベトナム戦争がエスカレートし、中国で文化大革命が始まり余波が押し寄せ始める。こうした影響も加わって、我が国の学生運動を一層加熱させていくこととなった。

早大闘争が始まり、東大でインターン制廃止闘争が始まる。明大、中大闘争が始まる。「三里塚・芝山連合空港反対同盟」が結成され、第二次ブントが再建される。これに合流しなかったML派、その他諸党派が並存する。この当時、大雑把に見て「五流派」と「その他系」から成り立つ百家争鳴期に入った。「五流派」とは、組織の大きさ順に民青同派、中核派、革マル派、社青同、第二次ブントを云う。「その他系」とは、べ平連系、構造改革派系諸派、毛派系諸派、日本の声派民学同系、その他を云う。

第7期その2を1967年とする。「激動の7ヶ月」と命名する。1967年初頭、中国の文化大革命が本格化し「造反有理」を訴える紅衛兵運動が乱舞する。この時期、ベトナム戦争が泥沼化の様相を見せ始め、アメリカでベトナム反戦闘争が活発化する。フランス、ドイツ、イギリス、イタリアの青年学生もこれに呼応し学生運動が国際化し始めた。これらの花粉が日本の青年学生運動に影響を与え、日本版紅衛兵とも云うべきノンセクト・ラディカルを生み出して行くことになる。

こうした国際情況を背景にして、この時期に学費値上げ反対闘争が重なることにより学生運動が一気に加熱し、全国的な学園闘争として飛び火しバリケード封鎖を生み出すことなった。民青同系は主として学園民主化闘争を、新三派系は主として反戦政治闘争を、革マル派系は「それらの乗り越え闘争」を担うという特徴が見られた。委員長に中核派の秋山氏が就任して以降、新三派系全学連が激烈化し武装し始め、1967年10月8日から始まる「激動の7ヶ月」と云われる市街戦に突入する。砂川基地拡張阻止闘争、羽田闘争、佐世保エンタープライズ寄港阻止闘争、王子野戦病院建設阻止闘争、三里塚空港阻止闘争等の連続政治闘争が担われた。この経過で、全学連急進主義派の闘争が機動隊の規制強化といたちごっこで過激化していくことになり過激派と云われるようになった。この動きに革マル派、民青同が屹立する。

第8期を1968年から1969年とする。全共闘運動が満展開する。これを2期に分け、その1を1968年とする。「全共闘運動の盛り上がり」と命名する。急速に新左翼及びノンセクト・ラディカルが台頭し、反戦青年委員会運動、ベ平連運動と相俟ってベトナム反戦闘争に向かう。東大闘争、日大闘争が激化し、全国の大学闘争を牽引する。三派から中核派が抜け出し中核派全学連が誕生する。三派の残存勢力が反帝全学連を創出する。この期の特徴は、今日から振返ってみて大きな山を画しており、戦後学生闘争のエポックとなった。60年安保闘争以降最大の昂揚期を迎え、いわばそのルネサンス期となった。

第8期その2を1969年とする。これを「東大闘争クライマックス・全国全共闘結成」と命名する。1969年初頭、東大闘争が安田講堂攻防戦へと至る。以降、東工大、早稲田大、京都大、広島大などでも全国学園砦死守闘争が展開された。第二次ブント系の社学同派全学連が発足する。「大学の運営に関する臨時措置法案」が施行され、この頃常態化していたキャンパスのバリケード封鎖が解除されていく。当然、これに抵抗する闘いが展開される。赤軍派が結成される。「60年安保闘争を上回る70年安保闘争」が日程化し多岐多流の潮流がうねりとなって9月5日の全国全共闘連合になだれ込む。ノンセクト・ラディカルと八派連合を糾合した共同戦線であり、70年安保闘争を闘い抜く主体が確立する。全共闘運動は、この時点がエポックとなった。つまり、実際の70年はこの69年に及ばなかったということになる。

第9期を1970年代通期とする。層としての学生運動の最後の時期となる。これを3期に分け、その1を1970年とする。「70年安保闘争とその後」と命名する。反代々木系最大党派に成長していた中核派は、69年頃からプレハノフを日和見主義と決めつけたレーニンの「血生臭いせん滅戦が必要だということを大衆に隠すのは自分自身も人民を欺くことだ」というフレーズを引用しつつ急進主義路線をひた走っていった。

ところが、70年安保闘争は佐藤政権に打撃さえ与えることができなかった。この時既に民青同と革マル派を除き、全共闘に結集した「反代々木系セクト」の実際の力学的な運動能力が潰えていた。機動隊権力が一層の壁として立ち現れるに至っていた。従って、国会突入、岸政権打倒にまで至った60年安保闘争のような意味での70年安保闘争は存在せず、政治的カンパニアだけの動員数のみ誇る儀式で終わった。60年安保闘争は「壮大なゼロ」と評されたが、70年安保闘争は「そしてゲバルトだけが残った」と評されるのが相応しい。

70年以降の学生運動の特徴として、いわゆる一般学生の政治的無関心の進行が認められる。学生活動家がキャンパス内に顔を利かしていた時代が終わり、ノンポリと云われる一般学生が主流となった。従来、一般学生は時に応じて政治的行動に転化する貯水池となっていたが、70年以降の一般学生はもはや政治に関心を示さないノンポリとなって行った。学生運動活動家が特定化させられ、両者の交流が認められなくなった。

その原因は色々考えられるが、旧左翼運動は無論としてそれを否定した新左翼運動もまた左派権力創出の道筋を創れなかったことにより、左派運動そのものの稚拙さが食傷され、「70年でもって政治の季節が基本的に終わった」のかもしれない。あるいはまた、それまでの左翼イデオロギーに替わってネオシオニズムイデオロギーが一定の成果を獲得し始めたのかもしれない。

日本左派運動はここで佇むべきであった。戦後左派運動を総括し、理論切開による新たな運動を展望すべきであったところ、そういう理論的切開をせぬままに相変わらずの主観的危機認識論に基づいて過激化を定向進化させていった。しかしこの方向は先鋭化すればするほど先細りする道のりとなった。

第9期その2を1971年から75年までとする。「70年代前半期の学生運動」と命名する。70年安保闘争を終え、代わりにやってきたのが内ゲバと党派間ゲバと連合赤軍派の同志テロであった。1972年、連合赤軍によるあさま山荘事件が発生し、その後12名に及ぶ同志殺人が明らかとなり衝撃を与えた。同年、日共系民青同に新日和見主義事件と云われる粛清劇が起こり、川上氏らの主要幹部が処分された。1975年、中核派最高指導者・本多氏が革マル派にテロられ死亡している。

第9期その3を1976年から79年までとする。「70年代後半期の学生運動」と命名する。中核派対革マル派、社青同解放派対革マル派の党派抗争は更に凄まじくなる。1977年、社青同解放派最高指導者・中原氏が革マル派にテロられ死亡している。革マル派は、甚大な被害を出しながらも敵対党派の最高指導者をそれぞれ葬ったことになる。

第10期を1980年代から現在までとする。学生運動としては見る影もなく凋落する。これを3期に分け、それぞれ「80年代の学生運動」、「90年代の学生運動」、「２０００年代の学生運動」と命名する。

以上の区分が一般的に通用するのかどうかは分からない。が、筆者の分析によれば、かく区分した方が分かり易い。以下、この区分けに従い、学生運動史上避けては通れない今日的になお意味を持つ重要局面、事件を採り上げ解析する。「これについて筆者は思う」と前置きして、適宜に筆者の見解を付した。参考になればと思う。日時の特定が必要な場合には日にちまで記し、不要の場合は月表示で済ませた。

第1章　全学連結成とその発展（1期　終戦直後〜1949）

【戦後体制の歴史的意味考】

1945年（昭和20）8月15日、日本の天皇制帝国主義はポツダム宣言を受け入れ無条件降伏した。第二次世界大戦は連合国勝利、枢軸国敗北という形で終結した。この戦争は表向きは、自由主義陣営対ファシズム陣営という形での世界戦争と喧伝された。マルクス主義的には新旧帝国主義間の市場争奪覇権戦争と規定されている。これについて筆者は思う。真相は、国際金融資本ネオシオニズム派と反ネオシオニズム派の二度にわたる世界大戦であったのではなかろうか。国際金融資本派がこれに勝利することにより、彼らが戦後体制を思うがままに操り始めることになった。

この間新たにソ連邦を盟主とする社会主義圏が登場し、戦後はこの二大陣営が拮抗する冷戦構造となった。これについて筆者は思う。両者は根底的なところで国際金融資本派の双頭の鷲であった。これが冷戦構造の裏の仕掛けだと思われる。しかし、日本左派運動はそのようには理解せず、「資本主義対社会主義」に幻惑させられ、資本主義体制打倒運動に挺身して行くことになる。

あるいは、社会主義の変質に抗して反スターリニズム運動を呼号して行くことになる。2009年現在で見えて来ることだけれども、それは「作られた抗争」だったのではなかろうか。近現代世界を牛耳る真の権力体である国際金融資本派との闘争に向かわないこれらの運動は、一知半解運動だったのではなかろうか。

筆者は、レーニン式帝国主義論も胡散臭いと思っている。レーニンは、同書により資本主義の最高の発達段階としての帝国主義規定論を生み出し、近代に於ける西欧列強の帝国主義間抗争の実態検証と来るべき社会主義革命の必然性を説いた。が、そういう国ごとの分析にいかほどの意味があるのだろうか。むしろ、西欧列強を背後で操る近現代世界を牛耳る真の権力体である国際金融資本派の世界戦略こそ解明すべきだったのではなかろうか。この観点は、太田龍氏が登場するまで、日本左派運動の見識にならず今日まで至っている。否、太田龍見解が市井提供されているにも拘わらず、牢としてレーニン主義的帝国主義論の枠内での見方が続いている。

もとへ。敗戦国日本は連合国軍支配下に置かれ、戦後日本の争奪戦が演ぜられた。日本取り込みは、それほど重要な世界史的関心であった。当初は米ソ両陣営による分割支配の動きもあったが、日本占領は米国のイニシアチブ下で進行した。ソ連の巻き返しはならず、最終的に1951年のサンフランシスコ講和条約、同時に締結された日米安全保障条約で米国の単独支配下に置かれることになった。

これについて筆者は思う。残念ながら、日本左派運動には、戦後日本をこのように客観化させて捉える視点はない。それはともかく今日判明するところ、戦後日本が米国統治下に取り込まれたことは、日本人民大衆的にはその方がまだしも良かった。ソ連統治下に置かれた場合には、プロレタリアート独裁の名の下にソルジェニーツィンの暴露した如く、政治犯に対する情け容赦のない銃殺ないしは収容所送りが常態化していた危険性があったと考えられる。国有化理論で市場統制されることにより、戦後日本の復興は大きく停滞させられた可能性がある。ひとまずはこう受け止めるべきだろう。

ところで、GHQの初期対日政策は初期と後期で大きく変わる。日本が米国側に取り込まれるまでの初期政策は、戦前的天皇制絶対主義権力の徹底的解体に向かい、その為の諸政策例えば治安維持法撤廃、労働運動の容認、左派運動の合法化、財閥解体、農地解放等々を矢継ぎ早に打ち出し、その限りに於いて日本人民大衆的にはこれは僥倖《ぎょうこう》であった。つまり、GHQの初期対日政策は概ね善政であったということになる。

但し、留意を要するのは、この間GHQの報道管制が敷かれており、近現代世界を支配する国際金融資本に不利益な思想ないしはイデオロギーが徹底壊滅されたことである。戦前の満鉄調査部の『ユダヤ問題時事報』、続く国際政経学会の月刊『ユダヤ研究』、不定期刊『国際秘密力の研究』等々による「シオン長老の議定書」派即ち「ネオシオニズムの国際秘密力に対する研究と警鐘運動」が存在さえしていなかったほどに痕跡さえ消された。これについて筆者は思う。これにより、戦前日本に獲得しつつあった国際情勢論が葬られた。残念ながら、日本左派運動にはこう捉える視点はない。

【政治犯の釈放による戦後共産党の再建】

ＧＨＱの初期対日政策を日本左派運動史上の枢要事に限定して確認すると、共産主義者の利用と憲法改正が最も重要なものであったと思われる。まず、共産主義者の利用について確認しておく。敗戦より2ヶ月後の10月4日、ＧＨＱ指令「政治犯を10月10日までに釈放せよ」が発令され、政治犯が釈放された。釈放された党員は直ちに共産党を再建した。これを主導的に指導したのが府中刑務所派の徳田球一（以下、「徳球」と略称する）、志賀らであり、これにより戦後共産党は徳球――志賀体制で始発することになる。

後の絡みで言及しておけば、宮本顕治（以下、「宮顕」と略称する）の動きが既に怪しい。10月10日の一斉釈放より1日早い10月9日に釈放されている。宮顕は、戦前の「小畑中央委員査問致死事件」という刑事事件に絡んで併合犯であった為、政治犯のみを対象とするＧＨＱ指令では釈放されぬところ、「生命危篤に基づく特例措置という超法規的措置」により違法出所している。この時なぜ宮顕が釈放されたのかの経緯そのものが、依然として未解決問題となっている。宮顕は後に涙ぐましい努力で復権証明書を手に入れ、これにより解決済みと居直り続け墓場まで持って行ってしまった。日本左派運動は、未だ新旧左翼ともこれを訝らない。

その宮顕が、戦後初の党大会となった12月の第4回党大会で、徳球――志賀体制に異議を申し立てしている。その理由は、概要「戦前共産党の旧中央委員で指導部を構成すべし。さすれば我こそが戦前最後の党中央委員であるからして、戦後の党の再建は宮顕・袴田の2人が中心になるべし」というものであった。しかし、戦後共産党再建に何ら貢献せず、「小畑中央委員査問致死事件」のイカガワシイ履歴を持つ宮顕の弁は相手にされず却下されている。

これについて筆者は思う。ここで、これらのことに触れるのは、宮顕のイカガワシサと徳球派と宮顕派の対立が既にこの時から始まっているという「生涯の天敵関係」を踏まえたい為である。それと、宮顕が何故に執拗に日本左派運動の分裂を策動するのか、その裏使命を確認したい為である。通説本は、このことに触れていない。触れたとしても、「徳球最悪、宮顕まだしも論」的観点から言及するのが通例である。驚くことに、新左翼でさえこの見解に位置している。これでは戦後共産党運動史の真の座標軸が定まらず、抗争の真実が見えてこないであろう。

翌1946年に野坂が延安から鳴り物入りで帰国する。これに伴い、同2月の第5回党大会で徳球―野坂―志賀体制となり、1947年12月の第6回党大会で徳球―伊藤律―野坂―志賀体制へと変遷していくことになる。留意すべきは、志賀の相対的地位低下と伊藤律の登用である。志賀は次第に反徳球化して行き、宮顕と手を結ぶようになる。6全協後の宮顕独裁化過程で、これに反発し党を放逐されて始めて、こんなことなら徳球時代の方がまだましだったと恨み節をこぼすことになる。

【戦後憲法体制に結実するプレ社会主義考】

もう一つの流れとして戦後憲法の創出がある。マッカーサー指令により帝国憲法に代わる新憲法制定が要請され、難産の末に1946年11月3日公布、1947年5月3日、施行された。この戦後憲法をどう読み取るべきだろうか。これについて筆者は思う。日本左派運動は、大きく道を過ったのではなかろうか。戦後日本国憲法は、マルクス主義的には垂涎のプレ社会主義憲法と規定されるべきであったのではなかろうか。こう位置づけることで、日本左派運動は本来これを護持受肉化せねばならないものであった。だがしかし、日本左派運動はこの時、教条ステロタイプ的な理論を振りかざしブルジョア憲法として規定し、急進派はダマサレルナ理論を振りかざして本質暴露論に興じた。穏健左翼は護憲運動に向かった点で新左翼よりはマシではあったが、反戦平和主義的且つ民主主義を護れ的な受身的護憲運動でしかなかった。これにより、ブルジョア憲法と貶しながら護憲するという二枚舌運動にのめり込んでいくことになった。

しかして、それは両者とも理論の貧困そのものを示してはいないだろうか。頭脳が半分だけ賢いと、こういうことが起こるという見本であろう。その点、日本人民大衆は、歓呼の声で戦後憲法を歓迎した。戦後憲法に胚胎する本質的にプレ社会主義性を見抜いていたからであった。戦後憲法の受容の仕方一つ見ても、「賢き大衆、愚昧な左派運動」という戦後の型が見えて来るのが興味深い。

憲法に続いて教育基本法、学校教育法が公布施行された。これも然りで、プレ社会主義教育法足りえているのではなかろうか。概要「民主的で文化的な国家を建設して、世界の平和と人類の福祉に貢献する」との理念を掲げ、「個人の尊厳を重んじ、真理と平和を希求する人間の育成。普遍的にしてしかも個性豊かな文化の創造をめざす。教育は不当な支配に服することなく、国民全体に対し直接に責任を負って行われるものである。教育行政は、この自覚の元に、教育の目的を遂行するに必要な諸条件の整備確立を目標」と記している。

これについて筆者は思う。この憲法――教育基本法を貫く精神及び原理は、ルネサンス以降の西欧精神の正統嫡出子的な面を貫通させている。これが正の面である。他方で、国際主義的精神を称揚するのみで愛民族、愛国心的ナショナリズムや伝統の尊重を盛り込んでいない。本来これは接合し得るものであるのに意図的に遮断されている。これが負の面であろう。こういうところに憲法――教育基本法の癖があると云えば云えるであろう。但し、そもそも「愛民族、愛国心的ナショナリズムや伝統の尊重」は、特段に憲法及び教育基本法に盛り込まずとも、自生的に生み出すべきものとして運動展開すれば良いのではなかろうか。それだけの話ではなかろうか。この点で、右派勢力の批判も、日本左派運動の愛国心否定論も徒に混乱を招くだけの「作られた対立」でしかなかろうと思う。

興味深いことに、こうした「上からの戦後革命」とこれに伴う社会情勢的変化の下で、官民上げての戦後復興が着々と進められて行った。この時、戦前の大東亜戦争過程で構築された護送船団方式の官僚権限集中制が大きく力を発揮した。これに戦後政治家の有能なる指導が加わることで戦後日本は世界史上奇跡の復興を遂げていくことになる。戦前的統制秩序から解放された人民大衆の喜びに満ちた勤労も大きく貢献した。これを「日本型社会主義」と云う者もある。

これについて筆者はかく思う。現在、構造改革と云う名の反革命政策が矢継ぎ早に繰り出されているが、これらは全て「戦後日本プレ社会主義制」の解体政策ではなかろうか。医療、年金、雇用、貧富格差制限等々、これらは皆なくして分かる日本型社会主義制の賜物ばかりではなかろうか。「戦後日本＝日本型社会主義」は案外、的を射ているのではなかろうか。今からでも遅くない、我々がなぜ護憲するのかにつき「プレ社会主義論」で理論武装すべきではなかろうか。この理論を生まずして為す日本左派運動各派の護憲理論には、理論サボタージュが認められるのではなかろうか。

【戦後学生運動の始まり――戦後ルネサンスの息吹】

戦後学生運動は、戦前の治安維持法が撤廃された戦後ルネサンスの下で向自的発展を遂げる。1945～46年は戦後学生運動の端緒期であり、戦後民主主義時代のスタートに立って薫風香る自治会活動を基盤として運動展開されていった。戦後の学制は、格別「大学の自治」を尊重した。戦前の軍部の介入に対する苦い経験を反省して獲得したとも云えようが、特別闘い取ったという訳ではないので、初期GHQの対日政策の一環としてもたらされた措置であったと見なすべきだろう。

戦後の学制は、アメリカン民主主義理念に基づくと思われる「学生に対する民主的且つ社会性の育成」、「学生生活の向上や課外活動の充実をはかる」という大学教育の一環として学生自治会を用意していた。各大学とも、学校側が各種の便宜を与えて、学生全員を自治会に加入させ、自治会費を徴収し、その運営につき学生に自主的運営に任すこととなった。しかしそれはつまり、学生全員加入制による前納徴収会費が自治会執行部に任されることになったことを意味する。これはこう云って良ければ一種の利権であり、この後今日まで各党派が血眼になって各大学の自治会執行部を押さえるのかを廻って対立していくことと関連することになる。

戦後当初の学生運動は、新憲法秩序の下で、「戦後民主主義の称揚と既得権化」を目指して学園内外の民主主義的諸改革と学生の基本的権利をめぐっての諸要求運動を担っていくことになった。学生生活エンジョイ的な趣味的活動から、生活と権利の要求や学習活動、平和と民主主義に関する政治的活動まで取り込んだ幅広い活動が生まれた。次に、大学新聞の発行、生活協同組合、セツルメント、文化サークル活動などを再建させていった。この時期はいわば、学生の生活権訴求、これに関わる範囲での政治活動という即自的段階の学生運動であった。その内面的心情は、「戦前の悲劇を二度と繰り返させまい」とする反戦平和思想と、戦前に挫折せしめられた共産主義革命を夢見る日本革命思想の両面から形成されていたように思われる。この中で、マルクス・レーニン主義の研究が風靡していくことになった。それに伴い、共産党に入党する学生党員が増えていった。

これについて筆者は思う。政治的意識の培養が一朝一夕には為されずステップ・バイ・ステップで高められていくことを思えば、「戦後民主主義の称揚運動」自体は否定されるべきことではなく、契機づくりとしては必要必然なプロセスではないかと思われるがいかがなものであろうか。急進派には物足りなくても片目をつぶれば良いのではなかろうか。問題は、否定するのではなく、そこから弁証法的に出藍していくのが望まれているのではなかろうか。「戦後民主主義の称揚運動」は、その際の培養土のようなものとして重視されるべきではなかろうか。史実はそう向かわず、急進派は次第に「戦後民主主義の称揚運動に対する否定的革命主義運動」に向かって行くことになる。しかしそれは、培養土を否定する分それだけ先細りの急進主義運動に陥る危険性がある。こういう観点はいかがだろうか。

【社交ダンス論争】

「1947年2・1ゼネスト」前夜、「社交ダンス問題」が論争になっている。たかがダンスという勿れ、興味深い内容なので言及しておく。徳球書記長は、「社交ダンス活用論」を次のように述べている。概要「あらゆる平和闘争手段を動員すること。特にこれまで弱体であった文化闘争を重視して、特に大衆活動に適する音楽と社交ダンスを含む舞踊を我が党の指導においてこれを奨励すること、これが重要である。文化活動とは何か？　文学、評論は現在の状態においては、これを見ても理解する能力を失っているほどに、日本では封建的な力によって、ものの表現力さえも失われておったのである。また、現在の紙のキキンのために、段々力が弱くなってきたのである。しかるに生理的自然の要求からの躍動が声になっては音楽になり、動作となっては舞踊・ダンスになる。これは大衆的な大きい躍動である。これが実際の生理的要求から音楽となるのである。既に敵はこれを運用して、現状では闘争を滅却せしめるために音楽を与え、舞踊を与えつつあるのである。これに対し、我が党内がこれを管理し、我が党の影響下にある大衆の管理によってこれを革命的な方向に運用しなければならないのである。文化的な闘争が階級闘争において大きな武器であることを我々は忘れてはならないと思う云々」。

　徳球の弁は、蔵原――宮顕の文化政策に対する批判的意義を持っていた。これに対し、宮顕は、『アカハタ』に「文化運動の前進」論文を発表し、次のように反論している。概要「音楽やダンスなど大衆向けの文化活動は、卑俗趣味への無批判的な追随である。日本人民大衆の教養と文化向上に永久に限界をおくのは正しくない。映画・演劇・文学・スポーツ・ダンス・音楽のいずれにせよ、そのうちどれだけが『最も大衆的』と決め付けてしまうことも根拠がない。最も遅れた大衆の面白がることとさえやっていれば、民主的文化の創造なんかは、やがて自然に解決できるものと考えることは、文化革命の重要な任務の一つを事実上捨てることになる。退廃的な既成のダンスをプロレタリア的なものにしなければならない」。

　これに対して、徳球は真っ赤になって宮顕見解に反論した。次のように述べたと伝えられている。「社交ダンスに階級性などない、プロレタリア的な社交ダンスがあるなら宮本自身が踊ってみせろ」。これについて筆者は思う。こういうところにも、徳球と宮顕の暗闘の火花が散っていた。社交ダンスを廻ってさえ徳球と宮顕の観点はこれほど食い違っている。一見、宮顕の「退廃的な既成のダンスをプロレタリア的なものにしなければならない」言辞の方が左派的に見える。凡庸な青年は、この手のロジックに騙される。しかし、「プロレタリア的な社交ダンスがあるなら宮本自身が踊ってみせろ」と迫る徳球の批判こそ瞠目すべきではなかろうか。

　徳球は、何でも階級的と冠詞すれば革命的であるかのように云い、後にそれが民主的と冠詞することになる宮顕詭弁のウソに立ち向かっている。実に徳球という人は本質を鋭く見抜き、ツボを得た批判をする。日本左派運動に立ち現れた開放型と統制型の姿勢のこの違い、共産党指導者のこの鮮やかな対比。筆者は、日本左派運動は、こういうところを万事において切開していかなければならないと考えている。興味深いことは、日共のみならず新左翼理論までもがこの時の宮顕見解を踏襲している気配が窺えることである。ならば、「プロレタリア的な社交ダンス」を踊って見せねばなるまい。ここでは社交ダンスが問われているが、これに止まるものではない。文化運動論一切に関わるのは当然、組織論、運動論にも繋がる話だと思う故に採り上げた。

【2・1ゼネスト顛末】

戦後共産党を指導した徳球時代の党中央は脱兎の如く戦後革命に向かう。今日的アリバイ闘争的左派運動の地平では考えられないズバリの政権取り運動に向かっている。当時、極東アジアでは、日本、朝鮮、中国がロシア革命に続くアジア革命の先鞭を争っていた。この時代の左派運動には、そういう熱気がある。1946年末から1947年初頭にかけて、日本左派運動は総力を挙げて「2・1ゼネスト」に向かった。1947年1月、共産党は、第2回全国協議会を開催し、徳球書記長が「ポツダム宣言の線に沿う民主人民政権樹立」を指針させ、次のように檄を飛ばしている。「ゼネストを敢行せんとする全官公労働大衆諸君の闘争こそは、恐るべき民族的危機をますます深めた吉田亡国内閣を倒し、民主人民政権を樹立する全人民闘争への口火である」。

「2・1ゼネスト」は、それまでの「飯食わせ」的経済的条件闘争から民主人民政府の樹立という明らかに革命的政治闘争へと転化していた。GHQが猛烈に干渉を開始したが、共産党と労働組合のスクラムが崩れず、2月1日午前0時を期してのゼネストが必死の情勢となった。ところが急転直下その前日の1月31日、共闘議長・伊井弥四郎はGHQに身柄を拘束されゼネスト中止のラジオ放送を強制された。9時21分、伊井は、NHK放送を通じて「一歩退却、二歩前進。労働者、農民万歳、我々は団結せねばならない！」の言葉を残しながらゼネスト回避を指示した。

共産党も捲土重来を期しGHQ権力の壁に屈した。これにより「2・1ゼネスト」は流産させられることとなった。しかしながら、「2・1ゼネスト」が、日本の戦後革命史上最も政権の至近距離に迫った事件として刻印された史実は消せない。徳球党中央は以降、社共合同運動に賭けて左派政権創出に向かうことになる。これにつき、伊藤律派が精力的に活動する。しかし、党内反対派の誹謗が強まるという党内状況となる。

これについて筆者は思う。通説諸本はこぞって、この時の2・1ゼネストの不発を徳球――伊藤律系党中央の平和革命理論と指導の在り方に非を認める批判見解を競っている。これに関連して党綱領の「GHQに対する解放軍規定」が槍玉に挙げられている。果たしてこれは正論だろうか。筆者は、為にする批判と受け止めている。「GHQの対日初期政策＝解放軍規定」はさほど重要な間違いではないと思っている。GHQの対日政策の初期には許される規定であったが、その後の政策転換時にも同規定を維持したことが間違いであるとする見立てこそが必要ではないかと思っている。問題は、2・1ゼネストで政権を最も近く手繰り寄せた時の「革命に対する責任能力と革命青写真の無さ」こそ真因ではなかったか。

それを思えば、左派運動はいつでも政権を取った時の青写真と、政局を担いきる政治能力を証左しておく必要がある。今日、日共不破は「革命青写真不要論」を堂々と説いているが、反動的極みの悪質理論と云うべきではなかろうか。これに相槌を打つ党員頭脳の貧困もまた問題ではなかろうか。新左翼各党派も然りで同じ病気に罹っているのではなかろうか。

【東大新人会運動】

1947年9月、東大で戦前の新人会の再建活動が始められた。これを推進したのが通称ナベツネ(後の読売新聞社長・渡辺恒雄)派であった。ナベツネらの動きは、労働戦線での右派的新潮流である民主化同盟の動きと連動しており、当時各分野で巻き起こりつつあった「モダニズム」と関連していた。「モダニズム」は、文学の領域で狼煙が上げられ、哲学の分野に飛び火し論壇を席捲していった。この当時の経済理論での大塚史学、文学理論での近代主義、哲学戦線での主体性論などがこれに当たる。「マルクス主義の硬直的理解からの解放」と位置づけられる。

この時、ナベツネは、戦前の転向組にして戦後は反党活動を職業にしていたことで有名な三田村四郎から活動資金5千円を受け取っていた。党中央は、「モダニズム」理論の中身の精査に向かう能力を持たず、その右翼的政治性を問題にし排斥していった。12月、党中央は、「主体性論」をマルクス・レーニン主義に反する小ブル思想であるとして批判し、「東大細胞の解散、全員の再登録を決定」した。これにより、新人会活動は掣肘された。今日的に見て「主体性論争」はマルクス主義理論の見直しの契機（「反省の矢」）として重要な意義を持っていたと思われるが、その狙いが反共運動的臭いを持っていた故に封殺された。それはともかく、ナベツネの履歴に於ける「元共産党員履歴」とはこの程度のものであることが確認されねばならない。

【GHQの対日政策の転換】

１９４８年頃より国際情勢の変化を受けて、GHQの対日政策は初期の概ね善政政策から後期の反共の砦政策へと転換する。ここを識別せねばならない。１９４８年11月、極東国際軍事裁判が結審しA級戦犯25名に判決が下され、12月23日、絞首刑組7名が東京・巣鴨拘置所で執行された。残りのA級戦犯容疑者は釈放された。この過程で、正力松太郎、岸信介、児玉誉士夫らは国際金融資本の秘密エージェント契約している形跡が有り、それぞれが戦後タカ派のドンとして政財官界に影響を与えていくことになる。これについて筆者は思う。日本左派運動は、これらの国際金融資本秘密エージェントの動きに対して分析力を持たぬまま運動展開していくことになる。それは児戯的でさえある。

【全学連の結成】

１９４８年9月18日、念願の全学連が結成された。東大を頂点とする国立大学系の学生運動と早稲田大学を中心とする私学系が合体し、各大学の自治会を基盤にこれを連合させて形成されたところに特徴が認められる。初代委員長・武井昭夫（東京大学）、副委員長・高橋佐介（早稲田大学）、書記長・高橋英典（東京大学）、中執に安東仁兵衛、力石定、沖浦和光らが選出された。全学連は、これより以降50年あたりまで武井委員長の指導の下で各種闘争に取り組んでいくことになった。

これについて筆者は思う。奇妙なことに、この時の指導者がなべてその後党の出世階段を昇ることがなかった。この時点ではポジションさえ定かでない上田・不破兄弟が登用されていくことになる。こういう人事を意図的にやったのが宮顕であるが、この変調さを指摘する者も少ない。

この期以降、学生運動が次第にマルクス主義化し、究極の「社会の根源に対する闘い」へと運動を向自化させていくことになった。この間全学連は、何回かの全国的闘争を経て全国主要大学の隅々まで組織化していくことに成功し、この経過で東の東大・早大、西の京大・同志社大・立命館大などを拠点とする学生党員グループがその指導権を確立していった。全学連はその後、次第に青年運動特有の急進化運動を押し進めることになった。

【徳球の「9月革命」の不発】

１９４９年、紆余曲折を辿りながら戦後革命の総決算を迎える時期に至った。1月、第24回衆議院選挙が行われ、吉田民主自由党が２６４（←解散時１５２）で大幅躍進、単独過半数を獲得した。他方、共産党が「35議席（↑4）、得票数約300万票、得票率9・8％（↑3・7％）」の成果を得て、人民政権近しの見通しを生んだ。1月、徳球は次のような声明を発表している。「人民の戦線が革命的に統一されるなら、民自党のごときは、国会に多数を占めるとはいえ、結局、革命の波にゆられてたちまち沈む泥舟にすぎないであろう」。こうして「2・1ゼネスト」以来の革命的機運が醸成された。

2月、伊藤律は、第14回拡大中央委員会で、「社共合同闘争と党のボリシェヴィキ化に関する報告」を行い、社共合同運動の成果を報告した。「民族資本家までも含めての党の拡大強化方針」を決定し、次のように指針させている。概要「広範な大衆の中に、なお根強く残っている社会民主主義者の影響を大きく克服して100万のボルシェヴィキ党をこしらえていく一大攻勢が社共合同闘争であり、合同闘争は権力闘争であり、地域闘争の発展に他ならない」。

6月、第15回拡大中央委員会で、徳球書記長は「9月までに吉田内閣を打倒する」と強調し、次のように述べている。概要「大衆の革命化に対する立ち遅れを急速にとりかえし、結論として吉田内閣打倒はま近いが、その後にできる民主勢力の連立政権に対しては、我が党も参加できるし、また参加せねばならない。階級的決戦が近づきつつあり、労働者の闘争は革命を目指す政治性をあらわにしてきた。人民の要求は身の回りの日常闘争から、非常な速度をもって吉田内閣の打倒、民主人民政権の樹立に発展しつつある。民主自由党を9月までに倒さねばならぬという我々の主張は、かかる条件にもとづいている」。

この時期に符節を合わせるかのようにソ連シベリアからの引き揚げが再開され、共産主義教育を受けた兵士が帰還し集団入党式を行っている。しかし、シベリア兵の引き揚げは目論み通りにはならなかった。次第に強制労働の実態を知らすことになり、引揚者の集団入党にも関わらず却って共産党の人気を悪くした。国会で引き揚げ問題が議題に上り、「コラッ共産党、シベリアの捕虜をどうしてくれる」と野次られることになった。

「9月革命」を迎え撃つGHQ――吉田政権は、団体等規制令の公布で公務員の労働争議規制等を強め反動攻勢を本格化させた。この時期、7月6日の下山事件、7月15日の三鷹事件、8月17日の松川事件という国鉄関係の相次ぐ謀略事件が発生する。その慌しさの中で戦後革命の最後の綱引きが演ぜられ、日本の戦後革命は不発に終わり、流産した。このことが1950年以降の闘争に大きな影響を与えていくことになる。

第2章　共産党の「50年分裂」（2期その1　1950）

【「スターリン論評」の激震】

1950年（昭和25）初頭、ブカレスト発UP電が、「日本の情勢について」と題するオブザーバー署名の論評を伝えた。論評は、日本の戦後革命流産を認め、その原因として野坂式平和革命路線を鋭く批判していた。しかし、いきなり外電という形で知らされた寝耳に水の党中央は、当初「党かく乱のデマ論評」視した。追って「スターリン論評」であることが判明した。これについて筆者は思う。こうした外電形式は、国際的陰謀が働いている場合の常套手段であり、その政治的狙いを勘ぐるべきであろう。してみれば、これに踊る者にも臭いと思うべきであろう。ちなみにロッキード事件勃発もこの例である。

「スターリン論評」の受け入れを廻って党内が大混乱した。この時、徳球書記長は真っ赤になってテーブルを叩きながら次のように述べている。概要「我々は、これまで直接、国際的な指導を受けたことはない。自主独立の立場でやってきた。日本としては、日本の事情がある。今のコミンフォルムは、ユーゴ非難しかやっておらん。そんなものの云うことを、まともに聞けるか！

我々は赤旗に、コミンフォルム論文の攻撃を掲載し、堂々と渡り合うべきだ」。伊藤律が書簡を発表し、ソ同盟の日本革命に対する容喙《ようかい》ぶりに対する遺憾の意を表明した。

徳球―伊藤律ラインのこの時の対応こそ日本左派運動の自主独立気概の嚆矢と云えよう。これに対し、志賀、宮顕の2人が無条件受け入れを主張した。宮顕は次のように批判している。概要「ソ同盟は我々の最良の教師であり、我々は教えを受けなくてはならぬ。ソ同盟は頭脳であり司令塔である。共産党は、国際的な組織であることに値打ちがある。コミンフォルムの批判を友党の批判として無条件に容認すべきだ」。これにより、徳球―伊藤律は所感派、ソ同盟の指示に従うべしとする派を国際派ということになる。

1月18〜20日、党中央は第18回拡大中央委員会を開催し、総勢約200名による「スターリン論評」の処理を集団討議に付した。会議は激しく紛糾し、延々5時間余の激論が続いた。結局、中共の人民日報社説の友誼的勧告「日本人民解放の道」が決め手となって、「論評」の積極的意義を認める全面承服決議「コミンフォルム機関誌の論評に関する決議」が満場一致で採択された。

これについて筆者はかく思う。第18回拡大中央委員会の史的意義は、徳球の公明正大な党運営ぶりを伝えているところにある。未曾有の事態に対して衆議を図る徳球式党運営ぶりを見て取るべきであろう。また、議論内容もさることながら議論内容の歴史的開示が為されていることも評されるべきではなかろうか。今、内情がかく明るみにできるのも、この時の会議の模様が公開されているお陰である。徳球時代の党中央の議論内容はかなり公開されているのに比して、宮顕時代になると全くと云って良いほど伝わらない。少なくとも議事録は作成されていると思われるが案外それも怪しい。つまり、全く秘密のヴェールに包まれている。こういう体質こそ非民主的運営と云うのではなかろうか。

1月26日、徳球系党中央は、統制委員会議長兼政治局員・宮顕を九州地方党組織の福岡に左遷した。党中央批判者グループの頭目であり陰謀の巣であることに対する措置であった。これについて筆者は思う。この措置にさえ、通説本は宮顕に肩入れしている。筆者は、徳球の果断な措置であったと評している。その差は、宮顕の胡散臭さを訝らず「戦前唯一非転向闘士聖像」を虚と見なすのか実と見なすのかにあると思われる。

【全学連中央の宮顕派化】

「50年分裂」時、結成以来、全学連を指導していた武井系主流派は宮顕派に与した。これについて筆者は思う。武井系主流派が宮顕派に与したのは、宮顕をして真の革命家、徳球をして扇動家視していたことによると思われる。この時点では宮顕のイカガワシサが判明せず、逆に聖像視されていたという、いわゆる「時代の壁」があり、武井系が見抜けなかったということである。

問題は、今日に於いては幾つかの資料が漏洩されており、宮顕の胡散臭さがかなり明瞭になりつつあるにも拘わらずその成果を議論せず、相変わらずの「唯一無比の英明な指導者」として讃美する傾向があることである。科学的社会主義者を自称する者の頭脳がこれだからして、「科学的社会主義」なるものがいかに杜撰なものであるかが分かろう。補足しておけば、筆者が、マルクス主義系の理論を渉猟して、その難解さに辟易することがある。現在では、その難解さがマルクス主義そのものの難解さではなく、論評者が己の没知性を隠す為に煙幕的に難解にしているに過ぎないと確信している。なぜなら、難解に述べる連中が揃いも揃って筆者式宮顕論に至らず、相も変わらず「戦前来不屈の唯一非転向指導者」視したままの不見識に耽っているからである。そういう凡庸な手合いが、いくら難しく理論をこねてもたかが知れていると云わざるを得まい。

【全学連が意見書を党中央に提出】

1950月3月、宮顕に操られた全学連中央グループは、長文の意見書を党中央に提出し、徳球系執行部のこれまでの学生運動に対する指導の誤りを痛撃した。東大や早大の学生細胞からも相次いで意見書が本部に提出され、党批判を強めていった。この時、武井委員長が「層としての学生運動論」理論を提起している。それまでの党の指導理論は、「学生は階級的浮動分子であり、学生運動はプロレタリアに指導されてはじめて階級闘争に寄与する付随運動に過ぎない」というのが公式見解であった。武井委員長は、意見書の中で、「学生は層として労働者階級の同盟軍となって闘う部隊である」と規定し、学生運動を「層」としてみなすことにより社会的影響力を持つ独自の一勢力として認識するよう主張していた。その後の全学連運動は、この「層としての学生運動論」を継承していくことで左派運動のヘラルド的地位を獲得していくことになる。武井委員長の理論的功績であったと評価されている。

【徳球の「50年テーゼ草案」提起】

徳球は、党内の混乱と党非合法化の危険をはらむ緊迫した情勢の中、「当面する革命における日本共産党の基本的任務について」を党内に配布した。これが「戦略戦術に関するテーゼ」（50年テーゼ草案または徳球草案）と称される重要文書となる。この草案は、徳球執行部の渾身の力を込めた闘争戦略見直し提案であり、党内問題の様々な分野に言及した力作長文であった。徳球は、これを基礎に全党討議を呼びかけた。徳球は、綱領草案を提出するに当たり次のように確約していた。概要「この秋に党大会を開く予定であり、これは秋の大会に提出する草案の、そのまた草案であり、この草案の根本問題に対する中央委員の反対意見がある場合は、どんな少数の反対であっても、これを公表する。各党機関並びに、各党員の意見も、重要と認められる場合は、アカハタ、前衛その他の方法で発表する」。

これについて筆者は思う。草案を全党討論に付すという措置は、これまでにない事例となった。このこと自体が党内民主主義の大革新であり前進であった。戦前は、綱領的なテーゼは全てコミンテルン執行委員会において作成されており、戦後になって初めて第5回大会宣言と6回大会提出の綱領草案が党自身の力で打ち出されていた。但し、これらはまだ正式綱領となっていなかった。この意味から、このテーゼ草案は、党創立以来初めて党自らの手で作り出し、これをもとに決定的な綱領を打ち出そうとした点、その為に中央での反対意見の提出から全党の自由な討議を許そうとした点でまさに画期的であった。宮顕時代になって、徳球の民主的開放的公正明朗な党運営の実際が隠匿されてしまっているが、我々はこの史実を学べねばならないのではなかろうか。

【第19回中央委員会総会で党の「50年分裂」】

4月、第19回中央委員会総会がひらかれた。この総会の眼目は、党の分裂の危機にどう対処すべきかにあった。反対派は、徳球草案が先の第6回党大会で決定された綱領起草委員会を経由しないで提出された書記長私案であるとして、内容以前の形式において攻撃した。これについて筆者は思う。形式で責めるのは宮顕的狡知であろう。

志賀、宮顕、神山、蔵原、亀山幸三、袴田、春日庄次郎、遠坂良一等がテーゼ反対を表明した。こうして中央委員会は事実上分裂した。これを「50年分裂」と云う。「50年分裂」により党内には次の派閥が形成されることになった。1　党中央所感派（徳球派、伊藤律派、志田派、野坂派）。2　国際派志賀G（志賀派、野田派）、国際派宮顕G（宮顕派、春日［庄］派）、中西功派、神山茂夫派、福本和夫らの統一協議会G。

【徳球派の地下活動と朝鮮戦争勃発・レッドパージ】

6月6日、GHQ指令により共産党が再度非合法化された。徳球派幹部は国内に椎野悦郎を議長とする「臨時中央指導部」（臨中）を残置した上、国際派の面々には無通知のまま地下に潜った。徳球らの地下潜行とは逆に、宮顕は九州から帰還した。これは組織違反であろうが、これについて問われることがないまま今日に至っている。

6月25日、朝鮮動乱が勃発する。当時どちらが先に仕掛けたかという点で謎とされた。双方が相手を侵略者と呼んで一歩も譲らなかった。今日では北朝鮮側の方から仕掛けた祖国統一戦であったことが判明している。7～9月、マッカーサーは、共産党国会議員の追放、『アカハタ』の1ヶ月停刊の指令に引き続き、無期限発刊停止処分を指令した。続いて、新聞協会代表にレッドパージを勧告。これを皮切りに各分野にわたってレッドパージの嵐が見舞うことになった。9月、吉田政権は公務員などのレッドパージを決定した。これにより、万を超える共産党員と支持者が労働組合などから追放された。

【全学連の反イールズ・レッドパージ反対闘争】

5月、全学連は、反イールズ闘争に立ち上がった。CIE教育顧問のイールズが、各地でアメリカン民主主義を賞賛しつつ共産主義教授の追放を説いて回っていた。5月2日、東北大でイールズの講演を学生約千名が公開を要求して中止させ、学生大会にきりかえた。東北大学は彼の28回目の講演であったが、ここで初めて激しい攻撃を受ける事になった。この経過は、全学連中央に「『イ』ゲキタイ。ハンテイバンザイ」と電信された。5月16日、北大でもイールズ講演会を中止させた。8月30日、全学連は緊急中央執行委員会を開いて「レッドパージ反対闘争」を決議し、各大学自治会に指示を発した。同10月5日、東京大学構内で全都のレッドパージ粉砕総決起大会が開かれた。これが契機となり全国の大学に闘争が波及する。イールズ講演会を最終的に中止に追い込む。

【所感派の武装闘争指針】

8月末、徳球が北京に渡り、地下指導部「北京機関」を作り海外から「臨中」を指導し始めた。この間、日中共産党による日本革命方式が話し合われ、「武装した人民対武装した反革命は中国だけの特質ではない」という認識の下で、ロシアの都市労働者の武装蜂起と中国の農村遊撃隊の組織との結合による武装革命を推進すべしという結論に至った。徳球指導部は、朝鮮動乱勃発という緊迫する国際情勢の変化による要請を受け入れ、従来の平和革命式議会主義から一転して武装闘争路線へと転換せしめることになった。こうして、中国革命方式による武力革命方針が提起された。

【宮顕の執拗な反党中央活動】

8月、国際派7名の中央委員は、宮顕を首魁として党の統一を回復する為と称しながら「全国統一委員会」(「全統委」)をつくって党中央に対抗した。全統委には、全学連中央グループ、主だった各大学の細胞、日本帰還者同盟の中央グループ、新協劇団細胞などが参加した。但し、志賀系「国際主義者団」、中西らの「団結派」、神山茂夫グループ、福本和夫の率いる「日本共産党統一協議会」などは排除され更に分立するという様相を示した。こうして、日本共産党内の「50年分裂」は、抜き差しならない抗争へと激化していくことになった。

10月、臨中派はソ連・中国両共産党の支持を得ることに成功し、「10月10日5周年にさいし全党の同志諸君に訴える」で「悪質分子を孤立させよ」と呼びかけた。これにより全統委は解散した。しかし、12月頃、宮顕、春日（庄）派が統一会議を結成し再度分派活動に乗り出している。これについて筆者は思う。宮顕のこの執拗な党中央分裂策動をどう評すべきか。且つこの時の潤沢な資金はどこから出ていたのであろうか。誰も問わぬまま今日に至っている。

【朝鮮特需で日本経済が活況化】

この年、日本経済は、日本左派運動の混迷をよそに朝鮮動乱を奇貨とする戦争特需景気に沸いた。ドッジ・プランのデフレ政策に苦しんでいた日本経済に時ならぬ利益をもたらすことになった。後方兵站基地として機能した日本に米軍発注の特殊需要が創出され、この年だけで1億8千200万ドル、1950年6月からの1年間で3億4千万ドル（1千200億円）に達し、動乱発生前の滞貨推定額1千億円を上回った。以後1955年6月までの5年間の累計は16億2千万ドルに達した、と云われている。日本経済は思わぬ恩恵を受けることとなり、金偏、糸偏景気と云われた動乱ブームに沸いた。開戦後1年間で鉱工業生産は46％増え、輸出が60％以上増加し、国際収支も50年下半期より輸出超過に転じた。まさに起死回生の「干天の慈雨」となった。

第3章「50年分裂」期の二元的学生運動（2期その2 1951〜53）

【「4全協」での武装闘争方針】

2月、第4回全国協議会（「4全協」）が開催され、「日本共産党の当面の基本的闘争方針」（いわゆる「51年綱領」）が採択され、党結党以来初めての軍事方針を打ち出した。これに基づき山村根拠地建設が目指され、山村工作隊、中核自衛隊等が組織され、各地で火炎ビン闘争を発生させることを目論むことになった。武装闘争指示文書『栄養分析法』、『球根栽培法』等が配布された。同書にはゲリラ戦、爆弾製造の方法も書かれていた。党は青年運動組織への指導を大きく転換させ、5月5日、日本民主青年団（民青団）を発足させた。

今日、日共は次のように総括している。「中国の人民戦争の経験の機械的適用であった」、「民族解放革命を目標として、街頭的冒険主義に陥り、セクト化を強め一面サークル主義になった」（『日本共産党の65年』）。これについて筆者は思う。そう批判するのは勝手だが、ならば当時の国際情勢にどう対峙すべきだったのか、手前達の運動がいかほどのものを創造したのかということと突き合わせて云うのが筋だろう。何事も云い得云い勝の愚を避けるのが嗜《たしな》みであろう。

【1951年の学生運動両派の動き】

1951年（昭和26）、党中央が武装闘争を呼号し始めると、全学連主流派は、それまでの先鋭的な党中央批判理論に似合わず、穏和主義的な反戦平和運動に日和見し始める。これに業を煮やした反主流派は堪らず、党中央の武装闘争の呼号に応じて工作隊となり、山岳闘争、街頭闘争に入る。東京周辺の学生たちは、『栄養分析法』、『球根栽培法』等の諸本を手にしながら三多摩の山奥にもぐり込んだ。結果的にこの時期の党の武装闘争路線は破綻していくことになり、民青団も大きな犠牲を払うことになった。他方、11月、国際派が反戦学生同盟（反戦学同）を結成する。

【二つの共産党による二つの選挙戦】

4月、第2回一斉地方選挙が行われたが、この選挙戦で党の分裂が深刻な様相を見せた。主流派は社共統一候補として社会党候補者を推薦したが、統一会議派は、これを無原則的と批判し、東京都知事に哲学者の出隆、大阪府知事に関西地方統一委員会議長の山田六左衛門を出馬させた。こうして両派による大衆面前での泥試合が展開された。戦前戦後通じて初めて「二つの共産党が別々の候補を立てて選挙戦を戦う」という珍事態が現出した。党外大衆の困惑は不信と失望へと向かった。投票結果はそれぞれ惨敗となった。これについて筆者は思う。宮顕というのは、こういうことを平気でやる感性を持っている。

【講和会議と日米安全保障条約の締結】

9月8日、吉田首相はサンフランシスコ講和会議へ臨み、講和平和条約が締結された。この条約の締結によって日本は、占領統治体制から脱却し主権を回復することになった。この条約の調印の5時間後、日米安全保障条約が締結された。「平和条約の効力発生と同時にアメリカ合衆国の陸軍、空軍及び海軍を日本国内に配備する権利を日本国は許与し、アメリカ合衆国はこれを受諾する」と記されていた。安保条約により日本の国際的立場は、アメリカを盟主とする資本主義陣営入りすることが明確にされた。

これについて筆者は思う。それは、表見的には戦後日本のアメリカ陣営組み込みであったが、真実は、第二次世界大戦後の国際金融資本即ち国際ネオシオニズム裏政府の国際戦略に戦後日本を委ねることを意味していた。吉田首相は、このことを承知のうえで戦後日本の独立を優先させた気配がある。日米安保条約という火中の栗を拾わせられることになったが、その行く末は後世の政治に委ねたのではなかろうか。だがしかし、国際ネオシオニズム裏政府は容易く御せられる相手ではない。その後の日本は戦前同様の養豚政策で育てられ、やがて骨の髄までしゃぶられ捨てられて行く運命に入った。2009年現在、その仕上げの終盤過程に入っているとみなせよう。

【「5全協」での軍事路線意思統一】

8月、「スターリン裁定」により、国際派の統一会議を分派と裁定し、党内団結を指示した。

これにより国際派は総崩れとなった。統一会議指導部は一斉に分派組織を解散した。10月、「臨中」指導下の党は、秘密裡に「5全協」を開き、新綱領（「51年綱領」）の採択や軍事方針の具体化、党規約の改正など党の前途を決定する重要な問題を討議した。臨中議長に小松雄一郎、軍事委員長に志田重男を据えた。志田重男は、この大会で軍事責任者として台頭した。伊藤律は党中央権限を奪われ、宣伝担当からも外された。

ところで、現在の宮顕派の手になる党史は、4全協・5全協の存在そのものを認めようとしない態度を取っている。「徳田らは（4全協につづいて）10月には5全協を開いた。この会議も4全協と同じく党の分裂状態のもとでの会議であり、統一した党の正規の会議ではなかった」として抹殺している。

【「不破査問事件」とは】

1952年2月、東大の国際派東大細胞内で査問リンチ事件が発生している（これを仮に「不破査問事件」と云うことにする）。この事件は、国際派の東大細胞内における指導的メンバーの一員であった戸塚秀夫、不破哲三、高沢寅男（都学連委員長）の3名が「スパイ容疑」で監禁され、以降2ヶ月間という長期の査問が続けられ、「特に戸塚、不破には酷烈、残忍なるテロが加えられた」と云われている事件である。

この事件は、1　戦後学生運動の初のリンチ事件となったということ。2　この時査問された不破らの容疑がスパイであり、その不破がその後日共の最高指導者として登場するに至ったということ。3　この時事件に介入してきた宮顕の胡散臭さが垣間見え、宮顕と不破の特殊関係を見て取ることができる、という3点で興味深い事件となっている。ちなみに、不破は最近『私の戦後60年』を執筆しているが、この事件への口を閉ざしている。

【「東大ポポロ座事件」】

2月20日、東大でポポロ座事件が発生した。劇団「ポポロ座」の演劇発表会に警視庁本富士警察署の私服警官数名が潜入していることが判明、事件となった。多数の学生が取り囲み一部暴力もふるわれ、警察手帳を奪った。押収した警察手帳には、学生・教職員・学内団体の思想動向と活動に対する内偵の内容が記されていた。手帳押収に際して、暴行があったとして学生が起訴された。

この事件に対して、「大学の自治」を強調して「不法に入場した警官にも責任がある」とする見解と、「いかに学内であっても、暴行を受ければ警察権を行使するのは当然だ」とする田中栄一警視総監談話を廻って各方面に論争が繰り広げられることになった。そういう意味で問題となった事件であった。これについて筆者は思う。ポポロ座事件は、「国際派東大細胞内査問・リンチ事件」中に発生している。両事件の関わりが検証されていないが不自然なことである。

【血のメーデー事件】

5月1日、第23回統一メーデーが、全国470カ所で約138万名を集めて行われた。東京中央メーデーは流血メーデーとなり、「血のメーデー事件」として全世界に報道され衝撃が走った。法政大学学生含む2名が射殺され5人が死亡し、300名以上が重傷を負い、千人を超える負傷者がでた。当局は、事件関係者としてその後1千230名（学生97名）を逮捕した。

5月、早大で第二次早大事件が発生した。神楽坂署私服・山本昭三巡査を文学部校舎に監禁。救援の警官隊と座り込み学生1千500名が、10時間にわたる対峙となった。9日未明、乱闘となる。その後、吉田嘉清ら多くの活動家たちが再結集し、都下大学の学生を加え数千人の抗議集会を開いている。

【全学連第5回大会、所感派が中央奪還】

6月、2年ぶりに全学連第5回大会が開催され、所感派学生党員が武井系執行部を追放し主導権を握った。1948年の全学連結成以来執行部を担ってきた武井指導部が終焉させられた。新執行部は、「農村部でのゲリラ戦こそ最も重要な闘い」とした新綱領に基づき、武装闘争に突き進んでいくことになった。中核自衛隊の編成に着手し、山村工作隊を組織した。

これについて筆者は思う。この経緯を「反帝・平和の伝統を担ってきた武井指導部の引きずり下ろし」とみなして、この時の政変を疑惑する史論が為されているが愚昧ではなかろうか。この頃、武井指導部は宮顕論理に汚染され、既に闘う全学連運動を指揮し得なくなっていたのであり、歴史弁証法からすれば当然の経過であったと拝察したい。

全学連第5回大会の最中、全学連による「立命館地下室リンチ事件」が発生している。徳球系日共京都府委員会の指導する学生党員（「人民警察」）による、反戦学同員に対する3日2晩にわたるリンチ査問事件となり、被害学生は関大、立命館大、名大、東京学芸大、教育大、津田塾の反戦学生同盟員ら延べ11名に及んだ。注意すべきは、この時、「宮本顕治、春日庄次郎、神山茂夫CICスパイ系図」に基づく査問が行われたことである。これについて筆者は思う。この時の系図は、その後幻となっているが公開されるべきであろう。貴重と思う故に敢えて言及しておく。

【全学連第6回大会】

1953年（昭和28）6月、全学連第6回大会開催。この頃、武装闘争が完全に収束し、基地反対闘争が中心課題となっていた。大会は、基地反対闘争を中心として「反吉田反再軍備統一政府の樹立」を闘いとることを宣言し、「学生は民族解放の宣伝者になろう」が強調された。この大会決議に基づいて、大会後全学連は、進歩派教授と協力して憲法改悪反対の講演会を開き、夏休みには一斉に「帰郷運動」で農村に入った。武装闘争の季節が終わったということになる。

【志田派式武装闘争の失敗】

志田派が指導する武装闘争が始まり、5月から7月上旬にかけて、火炎瓶闘争を含めた武力行動が至るところで展開された。が、ことごとく鎮圧された。秋になると、軍事方針や中核自衛隊の活動が大衆の志向や要求から浮き上がっていることが明白となった。7月、最後の徳球書記長論文となる「日本共産党創立30周年に際して」が、コミンフォルム機関誌『恒久平和と人民民主主義の為に』に掲載された。徳球は文中で、ストやデモに没頭して選挙の問題を軽視する一部の幹部の傾向を批判し、党員は「公然行動と非公然行動との統一に習熟する必要が有る」と警告を発した。

志田派は徳球指示に従わず、逆に党内粛正に血道をあげ始めた。戦前の宮顕式スパイ摘発運動式第一次総点検運動を展開し、伊藤律派、神山派の一掃に狂奔し始めた。これにつき筆者は思う。この時の総点検運動の地下で志田が宮顕と通じていたとするなら、総点検運動の性格が見えてくる。筆者は左様なものとして認識している。この頃志田は頻繁に料亭に繰り出している。後にこの時の様子が槍玉に挙げられるが、誰と談合していたのか肝心なことは漏洩されていない。しかるに一挙手一動作が的確に把握されている。

【徳球逝去、伊藤律幽閉、宮顕の党中央再登壇画策】

10月、徳球が北京で客死する（享年59歳）。NO2の伊藤律は野坂の手引きで幽閉された。徳球――伊藤律の両指導者が不在となった隙に党中央に再登壇してきたのが戦前のリンチ致死事件仲間の宮顕――袴田であり、この極悪同盟が野坂派、志田派と結託し始める。12月上旬、志田系党中央は全国組織防衛会議を開き、第二次総点検運動を開始した。ここまで主として伊藤律派が次々に査問されていたが、引き続き神山派、反宮顕系国際派の連中が処分された。これが翌年の6全協の地ならしとなる

第4章　6全協期の学生運動（3期　1954〜55）

【「3・1ビキニ事件」から始まる原水禁運動】

1954年3月1日、アメリカがビキニで第1回水爆実験。死の灰が福竜丸の乗組員に降りかかり被爆した。これを「3・1ビキニ事件」と云う。広島、長崎に続く3度目の被爆に怒った日本国民は、大きなショックを受け抗議運動を開始した。全国から3千200万人を超える原水爆禁止の署名が集まる等、戦後反戦平和運動の契機となった。以来、日本の原水爆禁止運動は、「核戦争阻止、核兵器廃絶、被爆者援護・連帯」の三つの基本目標を掲げ前進させて行くことになった。早大全学連のリーダー吉田嘉清が、この頃より原水爆禁止運動に参加するようになる。

【宮顕の警視庁出入り証言】

4月6日、宮顕が警視庁2階にある七社会（記者クラブ）へ現れて記者会見している。鈴木卓郎の『共産党取材30年』は、「団規令による潜行幹部の捜査は不当だ、と警視庁へ抗議にきた際のことだと思う」とあるが、党が非合法にされているこの時期に宮顕が警視庁に出入りしていることを裏付けており非常に貴重な証言となっている。

【全学連第7回大会】

6月、全学連第7回大会が開かれた。大会は、「生活と平和の為に」を打ち出し、政治運動と大衆運動から召還し、一転代わって没政治主義方針を確立した。学科別のゼミナール運動を行う方針が決められた。また、サマーキャンプ、大学祭、歌声運動などの運動が強められるようになった。後の自治会サービス機関論を生み出すことになった原点であり、後に「学生運動としては完全に体を失い、俗悪化した大衆追随主義に転落した」と批判されている。

これについて筆者は思う。全学連のこの急激な穏和化の背景に何があったのか。筆者には容易に透けて見えてくる。この頃既に、宮顕と志田の裏交渉が始まっており、宮顕が事実上復権し始めていたということになる。宮顕の指導するところ必ず穏和化になる。かつての武井全学連との蜜月時代の左派的言辞は、徳球執行部に対する揺さぶりのためであり、いわばマヌーバーでしかなかった。このことも判明しよう。

【自衛隊の海外出動禁止決議、自衛隊発足と原水禁運動】

6月2日、鳩山内閣は、自衛隊発足に当たり参議院本会議で次のような「自衛隊の海外出動禁止決議」をしている。「自衛隊の海外出動を為さざることに関する決議。本院は、自衛隊の創設に際し、現行憲法の条項と、わが国民の熾烈なる平和愛好精神に照し、海外出動は、これを行わないことを、茲に更めて確認する。右決議する」。これについて筆者はかく思う。これが自衛隊創設時の誓約であった。この時の決議が2009年現在、何と遠くまで隔たってきていることか。

7月1日、陸海空の自衛隊発足。他方、8月8日、全国的な原水爆禁止運動の高まりの中で「原水爆禁止全国協議会（原水協）」が結成された。これについて筆者は思う。自衛隊発足と原水禁運動が対のような形で生まれていることが興味深い。

【全学連第8回大会】

翌55年に入り6月、全学連第8回大会が開かれた。大会は、基地反対闘争と原水爆禁止運動に取り組むこと、文化サークル活動の全国的・地域的交流、世界青年学生平和友好祭に参加することによる国際的交流、芸術家の合同公演を大学当局側と協力して行うなどを決めた。大会はカンパニア的なものに終始し議論らしい議論も為されず、日常要求主義とサークル主義という没政治主義に陥ることになった。

【共産党の大転換としての6全協】

7月、6全協が開かれ、戦前の共産党解体同盟である宮顕――野坂、これに志田を加えたトロイカ体制が生まれた。ここに、6全協の歴史的意味がある。これについて筆者はかく思う。日本左派運動は、それまで徳球系党中央を批判し続けてきた経緯からこの「宮廷革命」を是として受け入れ、このスタンスが今日まで続いている。しかし、これをいぶかるべきではなかろうか。

宮顕は党中央に返り咲くや否や、それまでの急進主義的衣装を脱ぎ捨て、露骨なまでの統制主義と右翼的穏和主義指導に手のひらを返した。日本左派運動の牙を抜き始め、戦後日本左派運動総体を投降主義的な方向へ構造改革し始めた（筆者はこれより以降の党を、宮顕の意向を呈している場合には日共、選挙等他党との比較で一般表記が適切な場合のみ共産党と呼称して使い分けすることにする）。6全協により、徳球体制下で冷や飯を食わされてきた連中が我が世の春を迎え、勝てば官軍、負ければ賊軍の地を行く党内政争が演じられて行くことになった。敗者側には暫くの間「6全協ショック」、「6全協ノイローゼ」、「6全協ボケ」と呼ばれる状態が続くことになった。

これについて筆者はかく思う。これにより、多々欠点を抱えつつも曲がりなりにも左翼運動を担っていた本来の共産党員たちが追放され、偽装左派とも云うべき宮顕――野坂連合が党内を支配することになった。ここで重要なことは、この時期の日本左派運動に明らかな質的転換がもたらされたことを正確に確認することである。この確認ができないと、この後の革共同、ブントの誕生の流れが見えてこないことになる。筆者の判ずるところ、戦後左派運動の第一期は曲がりなりにも、徳球――伊藤律系の指導により政権奪取に向かっていた。その夢は叶えられなかったが、宮顕――野坂系指導による第二期となると端から政権奪取運動を放棄し、日本左派運動総体を体制内的な単なる批判運動即ち穏健主義に閉じ込めることになる。

6全協は、共産党をしてそういう運動として発展させて行く転換点となった。れんだいこ史観によれば、この定式化が今日まで及んでいる。してみれば、体制側から見て、日本左派運動を穏和にせしめた宮顕の功績は大なるものがあったというべきだろう。もし、我々が、日本左派運動を総括せんとするならば、転回点となったこの6全協に於ける質的転換まで立ち戻らねばならないだろう。この重要性が認識されていないところに理論の貧困があると考えている。

【「7中委イズム」】

9月、全学連第7回中央委員会が開かれ、宮顕式路線に従っていわゆる「歌ってマルクス、踊ってレーニンというレクリエーション路線」として揶揄される穏和化方向へ振り子の針を後戻りさせることとなった。これを「7中委イズム」と云い表すことになるが、自治会を「サービス機関」と定義し、一転して日常要求路線へと全学連運動を向かわせることになった。「自治会＝サービス機関論」をここで定義しておくと次のように云える。

「自治会が政治主義に陥ることを戒め、学生運動如きが情勢分析や政治方針の提起を行うべきでないとした。学生運動は、学生の本分に基づく身近な要求を取り上げて、それをサービスしていくべきであるとした。これにより、トイレに石けんを付けるというサービス運動を開始することになった」

これについて筆者は思う。宮顕は、手前が党中央を盗るまでは急進主義的言辞で党中央を批判し、ひとたび党中央を掌握したとなると一転して極めつきの穏和主義的右翼主義的な運動を指針させていくことになった。これが宮顕運動の元来の本質であり、それまでの急進主義は党中央を奪還する為に付けていた仮衣装に過ぎなかったと窺うべきであろう。

【第一次砂川闘争始まる】

当時の学生運動家の昂揚する意識が、「7中委イズム」で押し込められることはなかった。所感派、国際派の別を問わず急進主義派の学生たちが政治闘争に向かい、「基地反対闘争の中での天王山の闘い」として砂川闘争に取り組んで行くこととなった。9月13日、米軍立川基地の拡張工事の為、砂川町の強制測量が開始され、労組――学生同盟と警官隊が正面衝突した。こうして砂川闘争が始まった。

【55年体制の確立】

この年は、共産党の合同に続いて左右社会党の統一、鳩山系日本民主党と吉田――緒方系日本自由党の合同による自由民主党の誕生による政界再編の年となった。これにより、自由民主党が政権与党、社会党が野党第一党となる自社二大政党制による、いわゆる「55年体制」構図が定着した。ここからが「55年体制」のスタートとなった。

【正力松太郎の暗躍】

11月、第三次鳩山内閣で、先の衆院選で初当選した読売新聞社主・正力松太郎（鳩山派）が北海道開発長官に抜擢されている。正力は当選後直ちに原子力行政の推進に力を入れ、翌年には科学技術庁を創設し初代長官に就任する。これによりその後の原子力行政及び事業の土台を築く。

正力は、１９５７年（昭和32）の岸内閣の第一次改造で、国家公安委員長と科学技術庁長官、原子力委員長を兼任で就任する。その後首相を目指し、中曽根康弘らを従え派閥「風見鶏」を作るが「吉田学校生」に対抗できず野望を潰されることになる。

これについて筆者は思う。正力派の野望を挫いたのは「吉田学校生」内の池田、田中、大平系譜であった。そういう意味で、戦後の政争は政権与党派内のハト派対タカ派の政争こそ凄まじかったということになる。この辺りはもっと着目されるべきではなかろうか。

第5章　反日共系全学連の登場（4期その1　1956）

【志田追放される】

1956年（昭和31）1月6日、6全協仲間とも云うべき中央常任幹部会員で書記局員でもある徳球系の志田重男が突然失踪した。これにより宮顕派の党内壟断が加速した。

【スターリン批判の衝撃】

2月、ソ連共産党20回大会でフルシチョフ第一書記によるレーニン、スターリン理論に大胆な修正を加えた平和共存政策「フルシチョフ・テーゼ」が打ち出された。続いて「スターリン批判」が発表された。党中央は、「フルシチョフ・テーゼ」に対する理論的対応ができず、「スターリン批判」に対してもマルクス・レーニン主義運動の根本的見直しや国際共産主義運動のねじ曲げに対して対自的に洞察する理論的解明を為し得なかった。

宮顕は、「スターリニズム的個人指導が単に集団指導に訂正されただけのことであり、我が国では6全協で既に解決済みである」と安心立命的に居直りさえした。そればかりか「スターリン批判」究明の動きを「自由主義、清算主義、規律違反」等の名目で押さえていくことになった。こうした宮顕式統制対応は、とうてい先進的学生党員を納得せしめることができなかった。これらの出来事が党の無謬性神話を崩れさせることになった。

【「8中委・9大会路線」の確立、全学連再建】

4月、全学連第8回中委が開かれ、先の7中委イズムを、概要「学生の力量を過小評価した日常要求主義であり、学生運動としては完全に態を失い、俗悪化した大衆追随運動に堕した」と批判し、戦闘的平和擁護闘争を志向する「闘う全学連再建」の基礎を創った。これを「8中委路線」と云う。全学連と反戦学同は、これを契機として政治闘争を志向する戦術転換を行い、急速に組織を立て直していくことになった。折から国会に上程された56年前半の小選挙区制導入反対闘争が、解体に瀕していた全学連の息を吹き返させていくこととなった。

【全学連第9回大会】

6月、全学連第9回大会を開催した。大会は、委員長・香山、副委員長・星宮、牧、書記長・高野らの4役を選出した。北大から小野が中執となった。こうして、全学連は、急進主義的学生党員活動家の手により、党中央の指導を排して自力で再建されていくことになった。この大会で、この間の闘争を通じての「国会及び国民各層との連帯促進」、「総評・日教組・文化人らとの協力強化」、「自治会の蘇生」を評価し、この方向での運動強化が確認された。これを「8中委・9大会路線」と云う。

全学連はこの時期、授業料値上げ反対闘争、教育三法反対闘争、56年秋の砂川闘争、57年夏の第三次砂川闘争、57年後半の原水禁運動などに独自の大衆運動を組織して行くことになった。但し、この時点ではなお党の指導の精神的影響は大きく、原水禁運動でソ連の核実験の賛否をめぐって混乱を生じさせ、党がソ連の核実験を擁護していたことにより、原爆にもきれいなものとそうでないものがあるとか妙な弁明をせねばならないということにもなった。

【野坂式「平和革命」路線を打ち出す】

6月、日共は、参院選挙投票の直前の第7中総で、「独立・民主主義のための解放闘争途上の若干の問題について」を採択・発表し、革命の移行形態の問題について51年綱領の「日本の解放と民主的変革を、平和の手段によって達成しうると考えるのはまちがいである」という部分を、概要「サンフランシスコ講和会議以後の情勢の変化によって、議会を通じて民主主義的民族政府を樹立する可能性ならびに社会主義への平和的移行の可能性が生まれてきた」と再び野坂式平和革命路線に改訂した。これについて筆者は思う。日共は以降、選挙のたびに票狙い右傾化路線に向かうことになる。

【経済白書で「もはや戦後ではない」】

７月、経済企画庁『経済白書』（後藤誉之助調査課長）で、「もはや戦後ではない」と新たに経済目標提示（「日本経済の成長と近代化」）→高度経済成長の出発を次のように宣言した。「もはや戦後ではない。我々は今や、異なった事態に当面しようとしている。回復を通じての成長は終わった。今後の成長は近代化によって支えられる」。これについて筆者は思う。ここに至るまでの戦後復興は世界の奇跡と云われるに値するものであり、日本左派運動と何の関係もなく獲得されたものであり、これを正しく評価すべきであろう。

【砂川基地反対闘争】

９月、第二次測量開始が予測される中、全学連は、砂川基地反対の闘争宣言を発して現地闘争本部を設置し、地元農民、支援団体と協力しながら闘いを組織した。10月になると学生は続々と現地に乗り込み、全国から３千名を現地動員し、泊り込んだ。10月、立川基地拡張の第二次強制測量が始まる。これを阻止せんとして反対同盟員、学生、労働者らが警官隊と衝突、多数の負傷者、逮捕者を出した。10月14日、鳩山内閣は遂に測量中止声明に追い込まれた。この報に接した砂川町は、「勝った」、「勝った」の歓声で五日市街道はどよめき、喜びと化し、「ワッショイデモ」が繰り広げられた。「砂川基地反対闘争」は、全学連にとって、50年秋の反レッドパージ闘争以来の勝利であり、学生運動史上歴史に残る輝かしい闘いとなった。地元農民、市民、労組等々の共同戦線運動による成果であり貴重な経験となった。

【森田派と高野派が対立】

1956年秋、全学連は砂川闘争に取り組む過程で、砂川闘争を指導した東大系の全学連再建の功労者にして日共からの自律化を押し進めようとする森田——島派と、学連書記長で早大系にして宮顕指示を仰ぐ高野派が対立し始めた。この争いは闘いの戦術から政治路線、革命理論にまで及び果ては日常的な大衆運動の進め方の対立まで至った。この時有名な「孫悟空論議」が為されている。「孫悟空論議」とは、砂川における学生の活動に対して、高野が主張した「総評・社会党幹部という釈迦（世界情勢）の掌で踊った孫悟空に喩え、『極左冒険主義』の危険をはらむもの」とする論で、これに森田が「運動における学生層の役割を過小評価するもの」として非難応酬した。その経過の論争を云う。

こうして、全学連内部に日共派とこれに反発する急進派が誕生することになった。全学連再建後の学生運動内部に早くも非和解的な二潮流が分岐していくことになった。この二つの潮流は激しく論争をしながらその後交わることはなかった。学生党員グループの急進派は、この間の日共指導による引き回しに嫌気が差し、もはや日共の影響を峻拒し自律化しようとし始める。以降、この人々が闘う全学連の再建を目指して胎動していくことになる。

【日ソ交渉】

10月、鳩山全権団が訪ソし、日ソ交渉が始まった。10月19日、鳩山全権団は、北方領土問題を棚上げしたまま10項目からなる日ソ国交回復の共同宣言を締結した。

これについて筆者はかく思う。現在、北朝鮮との国交回復が難航しているが、その最大要因は万事に於いて米帝拝跪のお伺い最優先政策にあると思われる。それを思えば、鳩山政権の日ソ交渉、佐藤政権の日韓交渉、田中政権の日中交渉の有能さを認めねばなるまい。個々の内容の条文論議はともかく、構図を定めねばなるまい。上記3交渉はいずれも独立主権国家としての主体的な国交回復交渉である。しかしながら、日本左派運動は、特に日韓交渉に対して激しい反対闘争を繰り広げていくことになる。それは何でも反対する悪しき慣例ではなかろうか。現在の日朝交渉の頓挫を思うにつき一言しておく。

【衝撃のポーランド・ハンガリー事件】

10～11月、ポーランド・ハンガリー事件が起こった。非スターリン化の波が東欧を襲い、ハンガリーでは非スターリン派のナジ・イムレ首相登場により事態収拾させていたところ、11月1日、ナジがワルシャワ条約機構からの脱退と中立を宣言したことにより、これを危惧したソ連が再び介入に踏み切り、ナジ政権の閣僚全員が逮捕されカダルを首相とする新政権が成立した。ブダペスト市民はソ連軍に市街戦を展開したが、多くの死傷者を出して約2週間後に鎮圧された。

ハンガリー反ソ暴動はソ連の覇権主義がスターリン批判後も変わらないことを示した出来事となり、世界中に大きな衝撃を与えた。

日共は、ポーランド・ハンガリー事件に対するソ連軍の行動を、「帝国主義勢力からの危険な干渉と闘う」としてソ連の武力介入を公然と支持した。但し、党員の中にはマルクス主義理論及び実践の根源的再検討を要する事象として受け止めようとする者も輩出した。党中央はこの動きに対して、「自由主義的分散主義」、「清算主義」などのレッテルを貼り、官僚主義的統制で対応していった。このことが、党員学生たちの憤激を呼び党から離反させる契機となった。こうした一連の「衝撃、動揺、懐疑、憤激」を経て、全学連の幹部党員の間には、もはや共産党に見切りをつけて既成の権威の否定から新しいマルクス主義本来の立場に立った運動組織を模索せしめていくことになった。この時既に学生党員が、日共理論と異なる見識を獲得していたということでもあろう。

【「民青同」の発足】

11月、日本民主青年同盟（民青同）が発足している。民青同は、「マルクス・レーニン主義の原則に基づく階級的青年同盟」の建設の方向を明らかにしていたが、進行しつつある反党的全学連再建派の流れと一線を画し、あくまで日共に帰依し宮顕指導下で青年運動を担おうとした穏健派傾向の党員学生活動家が組織されて行ったと見ることができる。いわば、愚鈍直なまでに戦前戦後の党の歴史に信頼を寄せる立場から党の旗を護ろうとし、この時の党の指導にも従おうとした党員学生活動家が民青同に結集していくことになったと思われる。

【上田・不破兄弟の著書剽窃疑惑】

この頃、上田耕一郎名義で『戦後革命論争史上下2巻』が大月書店から刊行された。同書は当時の左派運動圏からの反応がよく、上田・不破兄弟登竜の足掛かりとなった点で大きな意味を持つ。ところが、上田・不破両氏はその後絶版を指示して今日に至っている。これについての裏話が最近判明した。宮地氏が「共産党問題、社会主義問題を考える」の「上田・不破『戦後革命論争史』出版経緯」の中で明らかにしている。それによれば、上田と不破がこの労作を書き上げたとされてきたが、石堂清倫氏が次のように告発証言している。「あれは、内野壮児、勝部元、山崎春成、小野義彦、私とで『戦後日本の分析』研究会を開き、数ヶ月十数回にわたる討論の成果を世に送り出したものです」。これについて筆者は思う。上田・不破兄弟は、「共同労作の手柄の横取り」をしていることになる。こうした履歴を持つ不破が、よりによって道理道徳を説くのを好むのはどうした訳だろうということになる。

第6章　革共同の登場（4期その2　1957）

【トロツキズム登場、第四インター日本支部準備会】

1956年頃、日共の運動、国際共産主義運動の変調を背景として新左派潮流が誕生することとなった。これを一応新左翼と称することにする。新左翼が目指したのは、ほぼ共通してスターリン主義によって汚染される以前の国際共産主義運動への回帰であり、必然的にスターリンと対立していたトロツキーの再評価へと向かうことになった。この間、国際共産主義運動においてトロツキズムは鬼門筋として封印されていた。つまり一種禁断の木の実であった。

日本共産党の6全協後の頃より、トロツキズム研究が盛んになり始めた。このグループを早い順に記せば、山西英一らの三多摩グループ、対馬忠行、太田龍（栗原登一）、内田兄弟らの「反逆者」グループ、黒寛グループ、現状分析研究会、大池文雄グループ等が認められる。

1957年1月、黒寛、内田英世、太田龍の3グループにより「日本トロツキスト連盟」（第四インターナショナル日本支部準備会）が結成され、日本左派運動に於ける最初の日本トロツキスト運動が生まれることとなった。とはいえ当初は思想同人的サークル集団であった。

【日共第2回東京都党会議事件】

3月、日共内に注目されるべき事件が発生している。第2回東京都党会議は、6全協以後の日共運動に対する批判と追及の場となり大混乱に陥った。批判派が、この間の党中央の分裂経過につき責任を明確にせよと迫り、このため党中央を代表して出席していた野坂、宮顕、春日（正）らが壇上で立ち往生させられた。都委員会の選挙では、批判派の元全学連委員長武井らが都委員に19名中10名、都書記にも批判派の芝寛が選出されることになった。この結果に対し、宮顕は「中央の認めない決議は無効だ」として居直った。

これについて筆者は思う。宮顕組織論の本質はこういう危機の場合に露呈する。「中央の認めない決議が無効だ」とすれば、党内民主主義も何もあったものではない。党中央へのイエスしかできないということになる。こういう史実を踏まえて「民主集中制論の是非」を問わねばならないのではなかろうか。

この経過を見て注目されるべきことがもう一つある。かつての全学連結成期の指導者であった武井、安東らが、この時点で批判派として立ち現れてきていることである。武井、安東らは、この間一貫して宮顕派と相呼応して徳球系党中央の指導に楯突き、50年分裂期にもひたすら国際派として宮顕派と歩調を共にしてきた。これを考えると、この頃蜜月時代が終わったということになる。

【岸政権の登場】

3月、石橋首相後継を廻って総裁公選で岸信介が第三代自民党総裁に選出された。A級戦犯「巣鴨組」の戻りには重光、賀屋興宣らがいるが、岸だけが首相の座についたことになる。岸はA級戦犯として収容された巣鴨プリズンから釈放されて8年2ヶ月、代議士になってから僅か3年10ヶ月で権力の頂点に立つことになった。時に60歳、まさに還暦に不死鳥の如く蘇り、「昭和の妖怪」と綽名されていくことになる。

これについて筆者は思う。岸は、釈放に当たって国際金融資本機関とエージェント契約していた節がある。それが岸の超スピード出世の裏意味である。日本左派運動は、こういう観点をからきし持っていない。この後、ブントが60年安保闘争を果敢に闘い抜くことにより岸政権を打倒するが、その意義はネオシオニズム派エージェントの頭目・岸を引きずり下ろしたところに歴史的意義が認められるのではなかろうか。

【日本支部準備会内で内田―太田論争発生】

日本トロツキスト運動は、運動の当初より主導権をめぐって、あるいはまたトロツキー路線の評価をめぐって、あるいは既成左翼に対する対応の仕方とか党運動論をめぐってゴタゴタした対立を見せていくことになる。4月~7月頃にかけて、太田の「対馬批判」が始まり、ソ連の位置づけをめぐって「内田―太田論争」が開始された。7月頃、創設者の1人、内田が組織を離脱することになった。日本トロツキズム運動史上の第一次分裂とすべきであろう。

【全学連10回大会】

6月、全学連10回大会が開かれ、原子戦争準備政策打破を中心とする平和擁護闘争推進を決議、規約改正（平和と独立強調）等を決定した。全学連はこの大会で「奇蹟の再建」を遂げたと云われている。大会は9回大会路線の意義を再確認し、一層政治主義的傾向を強めた。

日共派の「ストライキをやる目的は良いが、激しい形態をとるべきではない。その手段によって分裂を生む。それよりも集会程度の形態をとって、大勢の学生を集めて決議を行ったほうが効果がある」とする主張に対して、「運動における無原則的な幅広理論であり、主体的条件を変える努力を怠る理論である」と退け、「我々が強力な形態をとればとるほど対決する勢力との矛盾は鋭くなるが、我々の周りに結集する勢力も大きくなる」と闘争の意義を確認し、学生運動が独自に国際国内情勢を分析する能力を持ち、方針を立てていくという自律化を志向した。

この時の人事で、委員長・香山健一（東大）、副委員長、小島弘（明大）、桜田健介（立命館大）、書記長・小野田正臣（東大）が選出され、その他森田実、島成郎、牧衰らが全学連中執、書記局に入り、以後全国学生運動の指導にあたることとなった。日共の指示に従う高野派が敗退した。

【東京タワー建設始まる】

6月、東京タワーの建設工事が始まった。総重量4千トンの鉄骨組みで地上333mを目指した。当時世界一のパリのエッフェル塔より12m高い自立式鉄塔で、開業したのは翌1958年12月23日。これによりテレビ、ラジオの電波放出が始まり、観光名所ともなった。これについて筆者はかく思う。東京タワーが順調に建設されていく経緯そのものが、日本経済の活力と歩調を合わしており、日本左派運動の混迷と駄弁に拘わらず戦後日本が再生していった様子を見て取るべきであろう。

【全学連が砂川基地突入】

7月、再び砂川基地拡張の強制測量が行われ、夏休み中であったが学生は労働者と共にかけつけ、警官隊と対峙した。この時数十名の学生が、有刺鉄線を切り倒して基地内に突入した。「米軍基地内に初めて日本人が公然と突入した」と気勢をあげた。9月になってこの基地突入者は逮捕され、9名の学生が起訴された。

【日共の国鉄闘争圧殺】

7月、国労新潟地本が、国鉄当局の春闘処分に対して不当処分として無期限順法闘争に突入した。ところが、国労本部が地本の反対を押し切って闘争中止指令を出し、大田──岩井の総評指導部もこれを支持した。地本は涙を呑んで闘争を打ち切り、当局が処分攻勢に出た。問題は、この時の日共の態度であった。この間全国的に燃え広がる国鉄闘争にダンマリを決め込み、「党創立35周年」記事や「新しい段階を迎える沖縄の闘争」記事で紙面を埋めた。この闘争に初めて言及したのが収拾前で、「問題は、労働者階級の前衛、我が党がこの力量をいかに成長させ、自覚させ、結集させ、発揮させるかにかかっている」、「敵は優勢、味方は劣勢論」と説教し、「闘争は既に収拾の段階に入った」として闘う組合の見殺しに向けて奔走する始末であった。こうして、「労組闘争圧殺に回る日共定式」が確立した。

【「ジグザグデモかパレードか」の対立発生】

11月、「ジグザグデモかパレードか」を廻って全学連内に対立が発生している。第3回原水爆禁止世界大会の決議に基づく国際共同行動デーとして、全学連は中央集会に参加したあと国会、米英ソ三国大使館に決議文を手交し東京駅までデモした。この時、全学連多数派のジグザグデモ指揮に対して、日共系が拒否するという事件が起こった。全学連中執は、「階級的裏切り行為」、「分裂行動」であるとして激しく非難し、2名の中執（早大・神戸大）を罷免した。

この頃、全学連指導部内には、急進派のジグザグデモ志向に対して穏和派のパレードデモ、急進派のストライキ志向に対して穏和派の授業放棄という対立が生まれていた。

これについて筆者は思う。全学連指導部はジグザグデモを指揮し、日共がこれを止めさせようとする。ここに、全学連運動を右翼的指導で統制しようとする「宮顕式ジグザグデモ規制指導」が刻印されている。してみれば、その後の民青同系の穏和式パレードデモは必然の産物であったことになる。

【日共の「50年問題総括」】

11月、「50年問題」についての総括文書「50年問題について」が発表された。総括は、50年分裂の責任を徳球の家父長的党運営に求めていた。「50年分裂」時代の国際派に対する名誉回復を行い、逆に旧徳球系指導幹部を「規約違反」で批判していた。4全協及びそれ以降の歩みを規約に拠らない非適法の会議としてその効力を正式に否定した。特に宮顕の無謬性を凱歌していた。

こうした「徳球家父長制批判総括」に対して、伊藤律の次のような徳球像は銘記されるに価するであろう。

「徳田というのはガミガミ云うだけで理論も無く、怒鳴りつけて意見を押し付けるなどと宮本たちは云うが、それは労働者の階級的感情というものを全く判らない連中の言い草です。革命の先頭に立った徳田の激励叱咤には、労働者と人民に対する限りない慈しみと励ましの迫力がすごく溢れていました。丁度、雷雨が上がった後の澄み切った青空のように、底抜けに明るく爽快でした」(伊藤律『証言記録・同志長谷川浩を偲んで』)

【64カ国共産党・労働者党会議】

11月、モスクワで社会主義革命40周年祝典に合わせての「64カ国共産党・労働者党会議」に、日共を代表して志賀、蔵原が派遣された。この時、ソ共は、スターリン批判と共に国際的な平和共存を強調し、新しい国際情勢の下での「資本主義国の社会主義への平和的移行の可能性」を提起した。中共がこの方針に反対し意見の食い違いが表面化した。

【革共同の誕生】

12月、日本トロツキスト連盟は、日本革命的共産主義者同盟（革共同）と改称した。日本共産党京都府委員の西京司（京大）グループが合流し、その勢いを得てあらためて黒寛、太田龍、西京司――岡谷ラインを中心にした革共同の結成へと向かうことになった。この時点から日本トロツキスト運動の本格的開始がなされたと考えられる。この流れで58年前後、全学連の急進主義的活動家に対してフラク活動が強力に進められていくことになった。この結果、一部はこの潮流に呼応し急速にトロツキズムに傾いていくことになった。但し、革共同内は、同盟結成後も引き続きゴタゴタが続いていくことになった。

これについて筆者は思う。革共同は、「スターリン主義によって汚染される以前の国際共産主義運動への回帰」を目指し、日共に代わる真の革命党派として日本トロツキズム運動を創始して行ったが、「徳球から宮顕への共産党内の宮廷革命」の変調さの告発に向かわず、むしろこれを是認する形でトロツキー理論即ちトロツキズムを憧憬し、返す刀でソ連式スターリニズム批判へと向かった。ここに幾分かの癖を認めるのは筆者だけだろうか。

【島、生田、佐伯による新党画策】

革共同は全学連の掌握に向かったが、この時期の全学連中央を形成しつつあった島――生田らの日共内反宮顕派はこれに合流せず新党派の立ち上げに向かった。12月、島、生田、佐伯の3名は横浜の佐伯の家で秘密会合を開き、新党旗揚げのためのフラクション結成を決意している。

島、生田、佐伯らはこの頃、トロツキー及びトロツキズムとは何ものであるのかについて懸命に調査を開始していった。ご多分に漏れず、彼らもまたこの時まで党のスターリン主義的な思想教育の影響を受けてトロツキズムについては封印状態であった。この時、対馬忠行、太田龍らの著作の助けを借りながら禁断の書トロツキー著作本を貪るように読み進めた。島氏は、『戦後史の証言ブント』の中で次のように述べている。「一枚一枚眼のうろこが落ちる思いであった。決して過去になったものではない。現代の世界に迫りうる思想とも感じた」。

彼らは、革共同派とも違う革命理論を創出し始め、12月の大晦日の夜、山口一理論文「10月革命の道とわれわれの道――国際共産主義運動の歴史的教訓」（後に結成されるブントの原典となったと云われている）と生田論文「プロレタリア世界革命万才！」を掲載した日本共産党東大細胞機関紙『マルクス・レーニン主義』第9号を刷り上げた。この論文が全学連急進主義者たちに衝撃的な影響を与えていくことになる。

この時のことを島氏は後年次のように追想している。「既に、『スターリン主義』が単なる一思想ではなくソ連という強大な国家意思の実現と、その物質化されたものとの認識に到達した限り、『スターリン主義』日共は最早変え得る存在ではなく、打倒すべき対象であり、欲するところは、これに代わる新しき前衛の創設である。この立場に立った生田は、密かに、しかし容易ならぬ決意を持って『新しき前衛』の準備に着手した。1957年の暮れの或る日、この合議のため生田と私、そしてSが会した場所こそ、9年後、生田の灰を迎えねばならなかったあの横浜の寺の一隅であった。一方、党人としての生田は、この党の行方を見届けねばならぬ故に、6全協後の党内闘争の目標であった日共第7回大会に向け細心の組織化を行い、最も年少の代議員の1人になったのだ」（『生田夫妻追悼記念文集』の島氏の追悼文）。

第7章　ブントの登場（5期その1　1958）

【日本社会主義学生同盟の誕生】

1958年（昭和33）5月、全学連の推進体となっていた反戦学同が第4回全国大会を開催した。全学連大会に先立って開かれたこの大会で、反戦学同を発展的に解消し、組織の性格を従来の反戦平和を第一義的目標としたものから社会主義の実現をより意識的革命的に発展させるべきであるとの立場に改め、名称も日本社会主義学生同盟（社学同）と変えた。これが社学同の第1回大会となった。

【全学連第11回大会、先駆性理論を打ち出す】

5月、全学連第11回大会が開かれ、党中央に批判的な社学同派が、高野ら民青同派（早大・教育大・神戸大など）と乱闘を演じつつ圧倒した。全学連第11回大会は、「先駆性理論」を生み出し「層としての学生運動論→労・学提携同盟軍規定論→先駆性理論、反帝闘争路線」に至る画期的方針を採択した。

「先駆性理論」とは、概要「学生運動は本質的に社会運動であり、政治闘争の任務を持つ。学生が階級闘争の先陣となって労働者、農民、市民らに危機の警鐘を乱打し、闘争の方向を指示するところに意義がある。国会デモその他の高度の闘争形態を模索しつつ、『労働運動の同盟軍』として労働者、農民、市民に対する『学生の先駆的役割』を自覚せねばならない」とする学生運動理論であった。この背景にあった認識は前衛不在論であり、「前衛不在という悲劇的な事態の中で、学生運動に自己を仮託させねばならなかった日本の革命的左翼」（『新左翼20年史』）とある。

日共は、「11回大会決議」に対して次のように罵倒している。「戦術的には政治カンパニア偏重の行き過ぎの誤りを犯すものであり、学生が労働者や農民を主導するかの主張は思い上がりである」。

これに対し、全学連指導部は次のように自讃している。「戦後10年を経て、はじめて日本学生運動が、日本のインテリゲンチャが、そして日本の左翼が、主体的な日本革命を推進する試練に耐える思想を形成する偉大な一歩を踏み出しつつあることを、全学連大会は示しているのである」。

これについて筆者は思う。どちらの謂いが正論か、筆者には自明である。それにしても、宮顕的批判は、何とも高飛車な説教ではなかろうか。戦前戦後の共産党指導者の中で、このような変調指導した者は宮顕以前には居ないのではなかろうか。筆者にはこういうことが気に掛かる。

【6・1日共本部占拠事件】

6月1日、全学連大会終了の翌日、全学連第11回大会の成り行きを憂慮し事態を重視した党中央は締めつけに乗り出し、同大会に出席した学生党員代議員約130名を代々木の党本部に集め「全学連大会代議員グループ会議」を開いた。ここで稀代の事件が起こっている。会議は冒頭から議長の選出を巡って大混乱となり、全学連主流派と党中央の間に殴り合いが発生した。遂に党の学生対策部員であった津島薫大衆運動部員を吊し上げ、暴行を加える等暴力沙汰を起こした上、鈴木市蔵大衆運動部長の閉会宣言にもかかわらず、学生党員が議長となって議事を進め、次のような決議を採択した。

概要「現在の党中央委員会はあまりにも無能力である。故に、党の中央委員全員の罷免を要求する。及び全学連内の党中央派を除名する」。これを「全学連代々木事件」または「6・1日共本部占拠事件」と云う。この事件は、全学連指導部の公然たる党に対する反乱となった。そればかりか、全学連によって「党中央委員全員罷免」なる珍妙な決議が歴史に刻印されたことになる。この瞬間より党は全学連に対するヘゲモニーを失った。

日共は、ここに至って最終的に学生の説得をあきらめ、学生党員処分に乗り出していくことになった。「世界の共産党の歴史にない党規破壊の行為であり、彼らは中委の権威を傷つける『反党反革命分子』である」とみなし、7月、「反党的挑発、規律違反」で香山全学連委員長、中執委星宮、森田ら3名を除名。土屋ら13名を党員権制限の厳格処分に附した。年末までに72名が処分された。

【日共第7回党大会】

7月、日共第7回党大会が開かれた。大会は51年綱領を廃止し、新綱領の継続審議を申し合わせた。大会は、中央委員になお多数の旧徳球派が残存していたのを排斥し、新しい宮顕系主流派閥の形成と官僚主義に道を開いた。宮顕は、「この党大会を経ていろいろな理論問題を解明した」と豪語したが、「アメリカ帝国主義＋日本独占資本＝二つの敵論に基づく二段階革命論を基調とする敵の出方論」を主張する宮顕派と「日本独占資本のみの一つの敵論に基づく一段階革命論を基調とする平和主義革命論」を主張する春日（庄）派との論争に決着がつかず持ち越された。

この大会で、宮顕らしい「排除の論理」の押し付けが次のように伝えられている。反宮顕派の東京都委員・芝氏が代議員として送り出されてきていた事態に対処した宮顕は、戦前の獄中闘争時代の「哀しい生き様」の暴露と指弾で対応した。芝代議員に対し、宮顕とぬやまひろしこと西沢隆二が一緒になって壇上から、「戦前の黒い前歴」を暴き出し、「芝君の転向は悪質であった」と批判した。その内容たるや、「刑務所で1等飯を食ったか、3等飯を食ったか。1等飯を食ってた奴は買収されていたからであろう」というお粗末な罵声であった。芝氏は、眼を真っ赤にして「チクショウ、宮顕の奴……」と唇を噛み締めていた様子が伝えられている。

これについて筆者は思う。これは、当人は百合子の差し入れで特上生活を確保していたというのに、己の行状を不問にした上で人様に対しては噴飯ものの謂いによる攻撃をしたことになる。但し、この当時に於いては宮顕のそうした素性はヴェールに包まれていた為、芝氏は抗弁できなかった。「それなら何故今まで都委員長の地位を認めていたのか」と反論するのが精一杯で、これに対して宮顕は、「武士の情けというか、あるいはいずれ正規の大会を経て人事を正すまでは黙認してきた」と切り捨てている。「非転向12年の宮顕神話」の金棒が、こういう場合に振り回されるという好例がここにある。「非転向12年の宮顕神話」を突き崩さねばならない所以がここにある。

この大会で、「五つの教訓」が定式化された。要するに、「党中央の統一と団結をまもることこそ、党員の第一義的任務」、「いかなる場合にも規約遵守」、「党の内部問題を党外に持ち出さず」、「党中央の理論学習」という党中央に都合の良いばかりの今日にもつながる「宮顕式民主集中制」の押し付けであった。これについて筆者は思う。「五つの教訓」は、徳球党中央時代には宮顕自身が公然たる反党中央活動していたというのに、自身が党中央に納まるや、徳球時代よりも酷い党中央による締め付けと党員の恭順を説き始めたことになる。しかし、これを訝る者は居なかった。

【島、生田らが「全学連党」の結成を公然化】

島、生田らは、日本共産党第7回党大会に「全学連党」代議員として参加した。しかし、10

日間もの間旅館に缶詰で外部と一切遮断されるという、家父長的と云われる徳球時代にはあり得なかったやり方と、次から次へと宮顕方針が決議されていく大会運営を見て、日共との決別を深く決意するところとなった。8月1日、党大会終了の翌々日のこの日、島は全学連中執、都学連書記局、社学同、東大細胞党員の主要メンバーを集め、大会の顛末を報告すると共に、新しい組織を目指して全国フラクションを結成していくことを公然と提起した。これにより、後の「60年安保闘争」を担う人士が続々と全学連に寄り集うことになり、新しい活動家が輩出していった。

【革共同第一次分裂】

この流れに並行して7月頃、革共同内で黒寛派対太田龍派が対立し内部分裂を起こしている。これを「革共同第一次分裂」と云う。これにより太田派が革共同から分離し、関東トロツキスト連盟を結成することとなる。太田は、トロツキーを絶対化し、トロツキズムを純化させる方向で価値判断の基準にする「純粋なトロツキスト」（いわゆる「純トロ」）の立場を主張し、黒寛は「トロツキズムを批判的に摂取していくべき」との立場を見せており、そうした理論の食い違い、第四インターの評価をめぐる対立、大衆運動における基盤の有無とかをめぐっての争いが原因とされている。

太田派はその後、純正トロツキズムの方針に従い日本社会党への「加入戦術」を採りつつ、学生運動民主化協議会（「学民協」）を作り、当時の学生運動の中では右寄りな路線をとっていくことになった。太田氏はその後トロツキズムと決別しアイヌ解放運動に身を投じ、更にその後「国際金融資本を後ろ盾とするフリーメーソン等々の国際的陰謀組織」の考究に向かい、２００9年現在もネオシオニズム研究の第一人者となって警鐘乱打し続けている。「太田龍の時事寸評」で健筆を奮っていることでも知られている。これについて筆者は思う。太田氏は、トロツキズムを極限まで突き詰めていくことによりネオシオニズム性を確認し放擲するところとなった。我々は、この理論的果実を継承すべきではなかろうか。ちなみに、日本トロツキズム運動史上は、太田派の離脱が第二次分裂となる。

【勤評闘争】

9月、全学連は8月16日に和歌山で勤務評定阻止全国大会の盛り上げに取り組んだことを始め、この頃、「勤評闘争」に取り組んでいる。9月15日、勤評粉砕第一波全国総決起集会。東京で、約4千名が文部省包囲デモ。これについて筆者は思う。今日、教育界の腐敗が社会問題化している。これを日教組批判で事足りようとしている連中が殆どであるが、筆者は、この時以来の文部省行政による教師の縛りの定向進化の成れの果てだと考えている。

【全学連第12回臨時大会で日共と決別】

9月、全学連第12回臨時大会を開いた。反日共を明確にさせた全学連執行部（全学連主流派）は、「学生を労働者の同盟軍とする階級闘争の見地に立つ学生運動」への左展開を宣言した。「日本独占資本との対決」を明確に宣言し日共式綱領路線との訣別を理論的にも鮮明にした。ここに共産党は、全学連結成以来10年にわたって維持してきた全学連運動に対する指導権を失うこととなった。この後、全学連主流派に結集する学生党員はフラクションを結成し、機関紙『プロレタリヤ通信』を発刊して全国的組織化を進めていくことになった。全学連主流派のこの動きは、星宮をキャップとする革共同フラクションの動きと丁々発止で競り合いながら進行していた。ここに全学連は新しい質を獲得した。以降、この質の上で定向進化していくことになる。

【警職法闘争】

10月、岸内閣が、警察官職務執行法改悪を抜き打ち的に国会に上程してきた。左派勢力は、「警職法改正は、その次に予定されている安保条約改定に対する反対運動を弾圧するための準備であるとともに、民主主義を破壊して警察国家を再現しようとするものである」という位置付けから、安保反対闘争の前哨戦として、警職法改正反対闘争に入っていった。この時社会党・総評など65団体による「警職法改悪反対国民会議」が生まれ、全学連もそのメンバーに入った。全学連は非常事態を宣言、最大限の闘いを呼び掛け、次のように檄を飛ばしている。「ためらうことなくストライキに！　国会への波状的大動員を、東京地評はゼネストを決定す、事態は一刻の猶予も許さない、主力を警職法阻止に集中せよ」。

10月28日、総評が第三次統一行動。警職法反対と勤務評定反対を統一要求に掲げていた。東京では4会場に分かれて、「警職法改悪粉砕・民主主義擁護、日中関係打開、生活と権利を守る」国民中央集会には、8万の労学、四谷会場には労1万、全学連2万が結集。労・学4万5千名が四谷外堀公園に結集しデモ。11月5日、警職法阻止全国ゼネストに発展し、全学連4千名が国会前に座り込んだ。1万余の学生と労働者が国会を包囲した。驚くほどの速度で盛り上がった大衆運動によって、1ヶ月後に法案採決強行を断念させた。

これについて筆者は思う。警職法阻止闘争は、共同戦線化で国会前座り込みを創出し、この時の経験が以降「国会へ国会へ」と向かわせる闘争の流れをつくった点で大きな意味を持つことになった。日本左派運動は、これを勝利の方程式として確認する必要があろう。逆に云うと、この勝利の方程式を崩す理論及び勢力を疑惑する必要があろう。

【日共の全学連批判】

この頃、日共の全学連批判は強まり、全学連指導部を「跳ね上がりのトロツキスト」と罵倒していくことになった。この当時の文書だと思われるが、「跳ね上がり」者に対する次のような発言が残されている。「今日の大衆の生活感情や意識などを無視して、自分では正しいと判断して活動しているが、実際には自分の好みで、いい気になって党活動をすること、大衆の動向や社会状態を見るのに、自分の都合のいい面だけを見て、都合の悪い否定的な面を見ず一面的な判断で党活動をすること、こうした傾向は大衆から嫌われ、軽蔑され、善意な大衆にはとてもついていけないという気持ちをもたせることになる」。

これについて筆者は思う。この言辞は典型的な云い得云い勝ちなものでしかなかろう。なぜなら、「自分の好みで、いい気になって党活動をする」のは自然であり、誰しも「自分の好み」から逃れることができないのに、これを批判できるとしたら神ならではの御技であろう。にも拘わらず、おのれ1人は「自分の好み」から逃れているように云い為す者こそ臭いと云うべきではなかろうか。それと、「善意な大衆」とは何なんだ。嫌らしいエリート臭、真底での大衆蔑視が鼻持ちならない。更に云えば、2009年現在、この頃に比べて政治反動が大きく進んでいるが、これに対する政治的取り組みが全く為されていない。社共の万年野党的立場からのアリバイ的口先批判のみが、空気抜きのように告げられ事足りている。これを思えば、当時の全学連運動の確かさと能力が評価されて然るべきであろう。

この時島氏は、宮顕党中央の変調を次のように鋭く指摘している。概要「警職法提出の10月7日、社会党、総評、全学連らがこぞって反対声明を発し戦いの態勢を整えているそのときに『アカハタの滞納金の一掃』を訴え、1日遅れて漸く声明を出した。反動勢力が全学連の指導する学生運動の革命的影響が勤評闘争・研修会ボイコット闘争などにおいて労働者階級に波及するのを恐れて、この攻撃に集中しているその最中、全労、新産別らのブルジョアジーの手先の部分の攻撃と期を一にするかの如く、代々木の中央は、『全学連退治』に乗り出し、この革命的部分を敵に売り渡すのに一役買っている。何時も後からのこのこついて来て、『諸君の闘争を支持する』とかよわく叫ぶだけだ。戦いの高揚期にきまって、『一部のセクト的動機がある』だの、『闘争を分裂させるものであって強化するものではない』などといい、全労・新産別らの自民党の手先に呼応している」。

【ブント結成】

12月、除名組活動家にして全学連主流派の全国のフラク・メンバー約45名が中心になって、反党中央派としての闘いに終止符を打ち、新しい革命前衛党として「共産主義者同盟（共産同またはブントとも云う）」を結成した。ちなみに、ブント（BUND）とはドイツ語で同盟の意味であり、党＝パルタイに対する反語としての気持ちが込められていた。ブントは次のように宣言し、新左翼党派結成を目指すことになった。「組織の前に綱領を！　行動の前に綱領！　全くの小ブルジョアイデオロギーにすぎない。日々生起する階級闘争の課題にこたえつつ闘争を組織し、その実践の火の試練の中で真実の綱領を作り上げねばならぬ」（『新左翼の20年史』）。

ブントの学生組織として「社会主義学生同盟（社学同）」の結成も確認された。古賀（東大卒）と小泉（早大）の議長の下で議事が進行していき、島がブント書記長に選ばれ、書記局員には、島、森田、古賀、片山、青木の5名が選出された。島は、学連指導部から退きブントの組織創成に専念することになり、学生党員たちに日共を離党してブントへ結集していくよう強く促していくことになった。当時のこのメンバーには、今も中核派指導部にいる北小路敏、清水丈夫らがいることが注目される。北海道からも灰谷、唐牛ら5名が参加している。

新左翼運動をもしトロツキスト呼ばわりするとならば、日本トロツキスト連盟を看板に掲げた革共同こそが純正であり、ブントのトロツキズムと区別する必要がある。そういう意味において、日本トロツキスト連盟の系譜を「純」トロツキスト系と呼び、これに対しブント系譜を「準」トロツキスト系とみなすことを今はやりの「定説」としたい（日本トロツキスト連盟の系譜から後に新左翼最大の中核派と革マル派という二大セクトが生まれており、特に中核派の方にブントの合流がなされていくことになるので一定の混同が生じても致し方ない面もあるが）。ここに、先行した「純」トロツキスト系革共同と並んで、「準」トロツキスト系ブントという反日共系左翼の二大潮流が揃い踏みすることになった。この流れが後に新左翼または極左または過激派と云われることになる源流である。日共の公式的見解からすれば、このブント系もトロツキストであり、あたかも党とは何らの関係もないかのように十把一からげに評しているが、それは宮顕流の御都合主義的な歪曲であり、史実は違って上述の通りであるということが知られねばならない。

この両「純」・「準」トロツキスト系は、反日共系左翼を標榜することでは共通していたが、それだけに反日共系の本家本流をめぐって激しい主導権争いしていくことになった。

12月25日、日共は「学生運動内に巣くう極左日和見主義反党分派を粉砕せよ」と発表し、「島他7名の除名について」と合わせて、ブント結成後旬日も経たないうちに『アカハタ』紙上の1面トップ全段抜きで幹部会声明を掲載した。

【ブント理論考】

これについて筆者はかく思う。このブントの党史を巨視的に見れば、戦後の党運動における徳球系と宮顕系その他との抗争にとことん巻き込まれた結果の反省から、党支配からの自立的な新左翼運動を担おうとした気概から生まれた経緯を持つように思われる。理論的には、国際共産主義運動のスターリン的歪曲から自立させ、驚くべきことに自らが新国際共産主義運動の正統の流れを立て直そうと意気込みつつ悪戦苦闘して行った流れが見えてくる。この意味で、ブントは革共同と共に時代の双生児として生まれたことになる。ブント発生を近視的に見れば、共産党の日共化に対する強い反発にあった様が伺える。宮顕路線の本質が、左派運動を右派的統制主義の枠内に押し留めようとすることに重点機能していることを見据え、これに反発した学生党員の「内からの反乱」としてブントが結成されたという経過が踏まえられねばならないと思う。

ブント理論はどのようなものであったのだろうか。筆者が判ずるのに、宮顕式日共理論の反革命性、日本左派運動の抑圧に対する疑惑を基点にしており、これに代わる「労働者階級の新しい真の前衛組織」の創出を目指していた。この観点から、日共理論に対して悉くアンチテーゼを創出していくことになった。次のような特徴が認められる。1　学生運動を政治運動を担う一翼として位置づけ、労働運動の先駆的同盟軍と規定した。2　日共の「二段階革命論式民族解放民主革命理論」に対して、日帝自立論に基づく「一段階革命論式社会主義革命路線」を掲げた。3　日共の平和共存的一国社会主義に対し世界永続革命、議会主義に対しプロレタリア独裁、平和革命に対し暴力革命、スターリン主義に対しレーニン主義という風に対比させた。4　日共官僚に反旗を翻しただけでなく、本家のソ連・中国共産党をもスターリン主義と断罪した。5　日共に代わる真の革命党派として打ち出し、「全世界を獲得せよ」と宣言した。

筆者は、これらのブント理論は宮顕式日共理論の反動性に対するアンチテーゼとしては正しかったと思う。しかしながら、今日的時点で気づくことであるが、近現代世界を真に支配する国際金融資本の動向に対して皆目無知な革命理論に傾斜していることが判明する。ブント理論のこの欠陥が、その後のブント運動の破産を予兆しているように思う。この負の面故に革命運動的に突出すればするほど、現実と照応しなくなるという形で突きつけられていくことになる。60年安保闘争後の四分五裂で現実化するが、その後を継承した第二次ブントにも立ち現われていくことになる。

【ブントと革共同との相違考】

ブント化の背景にあったもう一つの情勢的要因は、先行する革共同系の動きにあった。つまり、ブントは、一方で日共と対立しつつ他方で革共同とも競り合った。この時のブントと革共同の理論的な相違について、島氏は次のように解説している。

対立の第一点は、トロツキーの創設した第四インターの評価である。この時点の革共同は、トロツキー及び第四インターを支持するかどうかが革命的基準であるとしていた。これに対し、ブントは、第四インターにそれほどの価値を認めず「世界組織が必要なら自前で新しいインターナショナルを創設すれば良い」とした。

第二に、ソ連に対する態度に違いが見られた。この時点の革共同は「反帝・反スタ」主義確立前であり、「帝国主義の攻撃に対する労働者国家無条件擁護」に固執していた。これに対し、ブントは、「革命後50年近くも経過して強大な権力の官僚・軍事独裁国家となり、労働者大衆を抑圧し、しかも世界革命運動をこの権力の道具に従属させ続けてきたソ連国家はもはや打倒すべき対象でしかない」とした。

更に、島氏が最も嫌悪したのは、革共同の「加入戦術」であったと云う。「自分たちの組織はまだ小さいから既成の、可能性のある社会党などに加入してその中で組織化を行おう」という姿勢に対して、これをスケベ根性とみなした。「私たちは既成の如何なる組織・思考とも決別し、自らの力で誰にも頼らず新しい党を創ろうとし、ここに意義を見いだしていた」という。その他セクト主義、労働運動至上論等々の意見の相違が介在していた。古賀氏は後になって「陽気で野放図で少しおめでたいようなブントに対し、革共同は深遠な哲学的原理を奉ずる陰気な秘密結社のようだった」と当時を回想している。

然しながら、ブントは日共批判、革共同対抗から出自したものの徹底さに於いて頗《すこぶ》る曖昧な面を残していた。というか、党派形成期間が僅か2年という短命に終わったことを思えば、余りにも時間が少なかったのかも知れない。欠点で云えば、日共運動批判から始めたにも拘わらず相変わらず宮顕を「戦前唯一非転向闘士聖像」視しており、「左派運動撲滅請負闖入者」と見なす視点はない。闘わない日共に対して急進的運動を繰り広げるが、日共式組織論、運動論、歴史論、否それら総体の左派運動に対する全面的再検証、新左派運動創造という視点まで行き着くことができなかった。ブントのこの観点の弱さが、60年安保闘争後の総括を廻っての分裂に繋がる。

【第一次ブント初期のメンバー】

この頃ブントを率いる島氏の回りに次第に人材が寄ってくることになった。1957年12月の「島成郎、生田浩二、佐伯秀光3名の秘密会議」を細胞核として、キラ星の如くな人間群像が参集して来た。島の妻・島美喜子、香村正雄（東大経済卒、現公認会計士）、古賀康正（東大農卒、現農学者）、鈴木啓一（東大文卒、森茂）、樺美智子（東大文、安保闘争で死亡）、倉石庸、少し後から多田靖、常木守等がアジトに常駐するようになる。青山（守田典彦）も。シンパ文化人として吉本隆明、マルクス主義理論家として廣松渉《ひろまつわたる》（門松暁鐘）が早くより登場する。

他に世間に知られているところとして、東大系で森田実、香山健一、中村光夫、富岡倍雄、星野中、長崎浩、林紘義、西部邁。早大系で小泉修吉、佐久間元、蔵田計成、下山ら。中央大系で由井格。京大系で今泉、小川登、新開純也。同志社大系で佐藤浩一、前田裕晤。後に中核派指導部を構成する陶山健一、田川和夫、北小路敏、清水丈夫、藤原慶久、小野正春らが参集する。北海道学連から灰谷慶三、唐牛ら5名が参加している。ちなみに、佐伯（山口一理）と片山（佐久間元）と小泉は、神奈川県立希望ヶ丘高校以来の同窓であったと云う。その他、後に大学教授、弁護士、評論家として登場する数多くの面々がいる。

【全学連第13回臨時大会で革共同が3役独占】

12月、全学連第13回臨時大会が開かれた。人事が最後まで難航したが、塩川委員長、土屋書記長、清水書記次長、青木情宣部長となった。革共同系とブント系が指導部を争った結果、革共同系が中枢（委員長、副委員長、書記長の3役）を押さえ、革共同の指導権が確立された大会となった。これが後に両派の火だねとなっていくこととなった。

なお、この時の議案は、安保闘争を革共同式に「安保改定＝日本帝国主義の地位の確立→海外市場への割り込み、激化→必然的に国内の合理化の進行」という把握による「反合理化＝反安保」と位置づけていた。

しかし、こうした革共同理論に基づく「反合理化闘争的安保闘争論」は、この当時の急進主義的学生活動家の気分にフィットせず、むしろ安保そのもので闘おうとするブントの主張の方に共感が生まれ受け入れられていくことになった。ブントは、革共同的安保の捉え方を「経済主義」、「反合理化闘争への一面化」とみなし、「安保粉砕、日本帝国主義打倒」を正面からの政治闘争として位置づけ、次第に深刻な対立へと発展していくことになる。

第8章　新左翼系全学連の発展（5期その2　1959）

【キューバ革命が勝利】

1959年（昭和34）1月1日、キューバ革命が勝利した。フィデロ・カストロらが2年余りの武力闘争の末、親米派バティスタ政権を打倒、革命政府を樹立した。これが、戦後から続く社会主義革命の最後となる。

【「安保条約改定阻止国民会議」の結成】

2月、岸内閣は安保改定に公然と乗り出した。この時、革共同派系執行部の全学連は、「合理化粉砕の春闘を如何に闘うべきか、これこそまさに革命の当面の中心課題である」とし、「労働運動理論」を長々と述べる理論活動に傾斜しつつあった。ブント派はこれを思弁主義として退け、安保闘争を一直線の政治課題として捉える運動を指針させ対立した。

3月、総評、社会党、中立労連、全日農、原水協、平和委、基地連、日中国交回復、日中友好、青年学生共闘会議など13団体が中央幹事団体となり、先の「警職法改悪反対国民会議」を受け継いで「安保条約改定阻止国民会議」を結成した。日共はオブザーバーとしての参加が認められ、幹事団体会議における発言を獲得した。同時に「安保改定阻止青年学生共闘会議」が結成され、社会党青年部、総評青対部、全日農青年部、民青、全学連によって構成され、この青学共闘会議が安保国民会議に加盟した。「国民会議」は以降、二十数波にわたる統一行動を組織していくことになる。

【不破の「現代トロツキズム」批判】

この頃、ブントのイデオローグ姫岡玲治が、通称「姫岡国家独占資本主義論」と云われる論文を機関紙『共産主義』（3号）に発表している。これがブント結成直後から崩壊に至るまでのブントの綱領的文献となった。

5月、不破哲三が、『前衛』6月号紙上で「マルクス主義と現代イデオロギー」を発表し、「現代トロツキズム」批判を繰り広げている。「山口一理論文」、「姫岡玲治論文」を槍玉に挙げ、総論的な批判を加えている。次のように結んで本音を露わにしている。概要「もはや理論的批判の必要はない。この反革命的反社会主義的本質を徹底敵に暴露して、政治思想的に粉砕し尽くすことだけが残っている」。これについて筆者は思う。今日これを読み直すとき、とても正視できない無内容な饒舌であることが判明する。まさに、当時の急進主義者の動きに水を浴びせ砂をかけることのみが目的であったことが分かる。

【全学連第14回大会でブントが主導権奪還】

６月、全学連第14回大会が開かれた。この大会は、ブント、民青同、革共同の三つ巴の激しい争いとなり、ブントが先の大会以来革共同に抑えられていた全学連の中央執行部の過半数を獲得し、主導権を再び奪い返して決着した。唐牛健太郎（北大）が委員長として選出され、書記長・清水丈夫、加藤昇（早大）と糠谷秀剛（東大法）、青木昌彦（東大）、奥田正一（早大）が新執行部となった。中執委員数内訳は、ブント17、革共同13、民青同０、中央委員数は、ブント52、革共同28、民青同30。こうして、ブントは、「ブント――社学同――全学連」を一本化した組織体制で60年安保闘争に突入していくことになった。唐牛新委員長下の全学連は、以下見ていくように「安保改定阻止、岸内閣打倒」のスローガンを掲げ、主役を演じながら再度にわたる「国会突入闘争」や「岸渡米阻止羽田闘争」などに精力的に取り組んでいくことになった。

なお、唐牛氏が委員長に目を付けられた背景として、星宮煥生氏が『戦後史の証言ブント』で次のように証言している。「唐牛を呼んだ方がいいいで。最近、カミソリの刃のようなのばっかりが東京におるけども、あれはいかぬ。まさかりのなたが一番いいんや、こういうときは。動転したらえらいことやし、バーンと決断して、腹をくくらすというのはね、太っ腹なやつじゃなきゃだめだ。多少あか抜けせんでも、スマートじゃなくても、そういうのが間違いないんや」。この星宮提言により、島氏が北海道まで説得に行ったと云われている。

【ブントの感性考】

この当時のブントは約1千800名で、学生が8割を占めていたと云われている。この時の島氏の心境が、『戦後史の証言ブント』の中で次のように語られている。

概要「再三の逡巡の末、私はこの安保闘争に生まれだばかりのブントの力を全てぶち込んで闘うことを心に決めた。闘いの中で争いを昇華させ、より高次の人間解放、社会変革の道を拓くかが前衛党の試金石になる。日本共産党には、『物言えば唇寒し』の党内状況があった。生き生きとした人間の生命感情を抑圧し陰鬱な影の中に押し込んでしまう本来的属性があった。政治組織とはいえ、所詮いろいろな人間の寄り合いである。一人一人顔が違うように、思想も考え方もまして性格などそれぞれ百人百様である。そんな人間が一つの組織を作るのは、共同の行動でより有効に自分の考え、目的を実現する為であろう。ならば、それは自分の生命力の可能性をより以上に開花するものでなければならぬ。様々な抑圧を解放して生きた感情の発露の上に行動がなされる、そんなカラリとした明るい色調が満ち満ちているような組織。『見ざる、聞かざる、言わざる』の一枚岩とは正反対の内外に拓かれた集まり、大衆運動の情況に応じて自在に変化できるアメーバの柔軟さ。戦後社会の平和と民主主義の擬制に疑いを持ち、同じ土俵の上で風化していった既成左翼にあきたらなかった新世代学生の共感を獲ち得た」。

これについて筆者は思う。以上のような島氏の発想には、かなりアナーキー且つカオス的情緒があることが知れる。この「アナーキー且つカオス的情緒」は存外大事なものなのではなかろうか。この対極にあるのはロゴス的整合精神（物事に見通しと順序を立てて合理的に処そうとする精神）ということになろうが、この両者は極限期になればなるほど分化する二つの傾向として立ち現れ、気質によってどちらを二者択一するかせざるをえないことになり、未だ決着のつかない難題として存立しているように思う。

【宮顕派と春日（庄）派の対立表面化】

6月、日共「第6中総」が開かれ、選挙総括と安保闘争の当面の闘争方針を廻って激しい論戦が交わされた。この間の中央主流派による、様々な政治工作に対する反対派の鬱憤が爆発した感があった。特に官僚主義的な党運営のやり方に対して批判の声が挙げられた。春日（庄）は、主流派の圧力のもとに『前衛』8月号での選挙闘争総括論文において党の自己批判の必要を指摘したことに対する全文取り消しを強要され、7月9日付『アカハタ』紙上に「発表手続きの誤りについて」の自己批判と論文の取り消しを発表した。但し内容については譲らなかった。これ以後、彼の論文は、形式的な追悼文などのほかには党の機関紙誌から姿を消すことになった。

【雑誌『現代の理論』の廃刊】

「6中総決議」で、理論雑誌『現代の理論』の廃刊を決定した。党中央主流は次のように論断して規律違反として摘発するところとなった。概要「理論と実践の統一に反するだけでなく、マルクス・レーニン主義党の組織原則——規律に反している。この誤りの本質は、組織原則に対する修正主義的な歪曲である。こういうことを放置しておいては、分散主義・自由主義を一層はびこらす結果になり、党の統一と団結は妨げられる。内容において修正主義であり、形式において党中央の指導から離れた自由主義、分散主義である」。

これについて筆者は思う。不破は、1970年の国会議員デビュー戦で「創価学会の出版妨害事件」を取り上げることになる。この廃刊事件を思う時、果たして資格があったのであろうかと思う。筆者のこの指摘に対し、どんな素敵な口上を聞かせてくれるのだろうか、聞いてみたい。

【黒寛・大川スパイ事件】

この頃、革共同の代表的指導者・黒寛に纏《まつ》わる重大背信事件「黒寛・大川スパイ事件」が発生している。黒寛の及ぼした学生運動への影響の大きさに鑑み、これを取り上げておく。「黒寛・大川スパイ事件」とは次のようなものである。

概要「大川なる者が、埼玉の民青の情報を入手できる立場を利用して、民青の情報を警察に提供することによって資金を稼いだらどうだろうか、と考えつき、大川はこのことを黒寛に相談したところ、黒寛はそれを支持した。2人は新宿の公衆電話から警視庁公安に電話し、用件を伝えた。公安の方は公衆電話の場所を聞いてすぐ行くからそこで待っていてくれと応答し、かれらはその場所でしばらく待っていた。が、〝世界に冠たるマルクス主義者〟である黒寛の小心によってか、大川の動揺によってか分からないが、かれらは次第につのってくる反革命的所業の罪深さを抑えることができなくなった。『おい、逃げよう！』といったのはどちらが先かは不明である。かれらは一目散にその場を逃げ出した。これが事件の顚末であるとされている事件である」。

これについて筆者は思う。非常に矮小化された話にされているがオカシイ。見てきた通りこの時点に於ける黒寛は、革共同第一次分裂で太田龍派を一掃後の最高指導者である。その指導者の公安との繋がりが見えているのであり由々しきことであろう。漏洩されているのは「民青情報の公安売り」であるが、果たして民青情報だけであったのだろうか。この事件は黒寛の正体が露見した事件であり、筆者は、左派運動内に回状が送付されるべきであったと考える。が、当時の革共同は仲間内で処理している。果たして適正対応だったであろうか、不信は消えない。

【革共同第二次分裂】

8月、革共同内に第二次分裂が発生している。西派はこの頃「西テーゼ」を作成し、同盟の綱領として採択を図ろうとしていた。この西京司氏率いる関西派が、「黒寛・大川スパイ事件」を取引材料にしながら中央書記局を制し、革共同の主導権を獲得するべく画策したというのが真相であろう。この過程で黒寛の影響下にある探求派が対立し、関西派が政治局員・黒寛を解任した。黒寛は、本多延嘉氏らと共に革共同全国委員会（革共同全国委）を作り関西派と分離する。これがいわゆる「革共同第二次分裂」である。日本トロツキズム運動史上は第三次分裂となる。

【全学連の国会乱入事件】

11月27日、第八次統一行動。31都府県の全国700の共闘組織に結集する350万の大衆が立ち上がり、合化労連・炭労の24時間ストを中心に全国で数百万の大衆が行動に立ち上がった。東京には8万名が結集した。この時、全学連を主体とする労学5千名による「国会乱入事件」が発生した。

全学連は、都教組などの労働者と共に警官隊の警備を突き破って初めて国会構内に突入し、抗議集会を続行した。構内はデモとシュプレヒコールで渦巻いた。社共・総評幹部は、宣伝カーから解散を呼び掛けるが約3万余の群衆は動かない。約5時間にわたって国会玄関前広場がデモ隊によって占拠された。これがブント運動の最初の金字塔となった。

政府は緊急会議を開き、「国会の権威を汚す有史以来の暴挙である」と政府声明を発表し、全学連を批判すると同時に弾圧を指示した。清水書記長、糠谷、加藤副委員長らに逮捕状が出された。日共は、翌日の『アカハタ』号外で突入デモ隊を非難し、常任幹部会声明「挑発行動で統一行動の分裂をはかった極左・トロツキストたちの行動を粉砕せよ」を掲載し全都にばらまいた。以降連日「トロツキスト集団全学連」の挑発行動を攻撃していくこととなった。

【砂川事件で最高裁が違憲判断回避】

12月16日、最高裁が、「在日米軍の存在が憲法違反かどうか」を問うた砂川事件に関連しての伊達判決の破棄を言い渡した。アメリカの軍事基地に反対し、その闘争に参加する者を犯罪者とみなすという政治的裁判であった。

砂川事件は、「一体、条約と憲法ではどちらが優先されるのか」という論争の格好のテーマとなっていたが、既に「違憲である」とする伊達判決が出されていたのに対し、最高裁は次のような「高度な政治判断であり司法判決には馴染まない」法理論で処理した。以降、これが定式化される。概要「安保条約は高度の政治判断の結果。極めて明白に違憲と認められない限り、違法審査権の範囲外であり司法判決にはなじまない」。

これにつき、２００８年4月、当時の駐日米国大使が、時の外務大臣及び最高裁長官に政治的圧力をかけていたことを裏付ける公文書が米国公立文書館で発見された。

第9章　60年安保闘争・ブント系全学連の満展開

（5期その3　1960）

【60年安保改定をどう見るべきか】

１９５９年から60年に初頭にかけて日米安保条約の改定問題が、急速に政局浮上しつつあった。政府自民党は、このたびの安保改定を旧条約の対米従属的性格を改善する為の改定であると宣伝した。これにより旧条約が内乱や騒擾鎮圧に関して米軍の出動を規定していたのを独立国家の面子に関わる規定であるとして削除した。安保条約の改定は、アメリカとの政治的軍事的「対等パートナー同盟関係の構築」と喧伝した。その限りに於いて嘘ではなかった。

しかし、より重要なことは、日本をアメリカ帝国主義の極東戦略に組み入れ、「戦後日本の米国依存のめり込み」を企図しているところにあった。新安保条約は、米軍の引き続きの日本占領と基地の存在を容認した上、新たに日本再軍備増強を迫り且つ日米共同作戦の義務を負わせることにより傭兵化するという狙いが秘められていた。さらには経済面での対米協力を義務づけるという点で戦後の画期を創ろうとしていた。岸政権は、これにより憲法改正を画策していた。つまり、憲法改正と安保改定は連動していた。

これについて筆者は思う。こたびの安保改定の本質は、去る日のサンフランシスコ条約で吉田政権が国家主権の独立と引き換えに結ばされた日米安保条約の定向進化にあり、これのもたらすところは戦後社会の合意である憲法の前文精神と9条の空洞化を通じた国際金融資本の世界支配戦略への露骨な組み込みであった。日本左派運動がこれに猛反発したのは、けだし当然であろう。俊英ブントが第一政治課題と位置づけ猪突猛進を開始したのは素晴らしい感性であった。

【日共の珍妙な岸首相渡米阻止闘争反対論】

1960年（昭和35）1月13日、日共は、この日の『アカハタ』で、岸全権団の渡米に際し、信じられないことだけども岸全権団の渡米にではなく、渡米阻止闘争に猛然と反対を唱えて、全都委員、地区委員を動員して組合の切り崩しをはかった。次のような「変調な送り出し方針」を打ち出している。「（岸首相の渡米出発に際しては）全民主勢力によって選出された代表団を秩序整然と羽田空港に送り、岸の出発まぎわまで人民の抗議の意志を彼らにたたきつけること」。

これについて筆者はかく思う。それにしても妙な文章であろう。末尾で「人民の抗議の意志を彼らにたたきつける」とあるから闘うのかと思うと、前段では「全民主勢力によって選出された代表団を秩序整然と羽田空港に送り」とある。何のことはない、アリバイ闘争にしけこもうというだけの話である。日共は、こういう二枚舌論法を多用する。しかし、こういう二枚舌論法に違和感を抱かず丸め込まれ騙される方にも責任があろう。

【全学連の羽田空港占拠事件】

1月15日、全学連は、社共、総評の静観を一顧だにせず、独自行動として岸渡米阻止羽田闘争に取り組むことを決定し、この日の夕方から全学連先発隊約700人が羽田空港に向かった。警官隊より早く到着し、ロビーを占拠、座り込みを開始した。後続部隊も続々と羽田へ羽田へと向かった。この闘争で唐牛委員長、青木ら学連執行部、生田、片山、古賀らブント系全学連指導下の77名が検挙された。樺美智子女史も逮捕されている。これを「羽田空港占拠事件」と云う。

社会党・総評は、統一行動を乱す者として安保共闘会議から全学連排除を正式に決定した。日共は再び全学連を「トロッキストの挑発行動・反革命挑発者・民主勢力の中に送り込まれた敵の手先」として大々的に非難した。革共同も、「一揆主義・冒険主義・街頭主義・ブランキズム」などと非難している。

しかし、島氏は次のように確認している。「全く新しい大衆闘争の現出だった。明らかに私たちブントの闘いによって、政治にとって、安保闘争にとって、人民運動にとって流動する状況が生まれたという確信である。長らく社・共によって抑圧されていた労働者大衆が、これをうち破った全学連の行動を通して、新しい政治勢力としてのブントの像をはっきり見たに違いないという実感である」。

これについて筆者は思う。岸渡米阻止羽田闘争に対してさえ、左派圏内でこれほどの差が有る。これを踏まえて、どちらの謂いを支持するのかが問われていることになる。

知識人によって羽田事件の逮捕者の救援運動が始められたが、日共は発起人に名を連ねている党員の切り崩しをはかった。これにより、関根、竹内、大西、山田、渋谷などの面々が発起人を取り下げざるをえなくされた。これらの知識人は後々日共に対する激しい批判者となる。

【三池労組が無期限全面ストに突入】

1959年1月、日本最大の炭鉱であった福岡の三井三池炭鉱の三井鉱山当局が、労働組合に対し、6千名に及ぶ希望退職をもとめた第一次合理化案を発表し、戦後最大と云われる労働争議が始まった。

1960年1月25日、三井鉱山が全山のロックアウトを通告、三池労組は無期限全面ストに突入した。組合側は、「総資本と総労働」の対決を叫び、日経連をバックとする会社側の自由化政策の推進による各産業の合理化政策と全面対立した。

こうして「総資本対総労働」の全面対決の様相となっていった。会社側が警察力、暴力団をバックに、組合の切り崩しをはかる一方で、懐柔策が進行した。3月17日、三池労組が分裂し第2組合が作られる。3月28日、三井鉱山の生産再開に際して、就労を阻止せんとする第1組合と強行せんとする第2組合が衝突し流血の事態となった。その際暴力団が襲い、100人余りの重軽傷者がでた。3月29日、第1組合員久保清が暴力団員に刺殺される。会社側は生産を開始し、第1組合側は闘争態勢を崩さず長期化していた。

【安保国会の幕開け】

2月2日、安保国会が幕をあけた。2月5日、新安保条約が国会に上程され、2月11日、衆議院に日米安保特別委員会が設置され本格的審議が始まった。野党側は、事前協議において日本が戦争に巻き込まれるのを防ぐことができるのか、日本側に拒否権が認められるのかという問題を取り上げ政府を追及した。論議は平行線で噛み合わなかった。これに呼応して国民会議も統一行動を盛り上げていくことになった。

【革共同全国委の檄】

2月、この頃、革共同全国委員会派は勢力を扶植しつつあった。革共同全国委員会は機関紙『前進』を発行。次のように檄を飛ばしている。概要「一切の既成の指導部は、階級闘争の苛酷な現実の前にその醜悪な姿を自己暴露した。安保闘争、三池闘争のなかで社共指導の裏切りを眼のあたりにみてきた。(労働者階級は)独立や中立や構造改革ではなしに、明確に日本帝国主義打倒の旗をかかげ、労働者階級の一つの闘争をこうした方向にむかって組織していくことなしには、労働者階級はつねに資本の専制と搾取のもとに呻吟しなくてはならない。一切の公認の指導部から独立した革命的プロレタリア党をもつことなしには、日本帝国主義を打倒し、労働者国家を樹立し、世界革命の突破口をきりひらくという自己の歴史的任務を遂行することはできない。こうした闘争の一環としてマルクス主義的な青年労働者の全国的な単一の青年同盟を結成した」。

この頃から4月にかけて革共同全国委は、ブントの学生組織・社学同に対抗する形で自前の学生組織としてマルクス主義学生同盟（マル学同）を組織した。発足当時500余の同盟員だったと云われている。マル学同は民青同を「右翼的」とし、ブントを「街頭極左主義」として批判しつつ学生を中心に組織を拡大していった。

【全学連第15回臨時大会】

2月、全学連第22中委が開かれている。この時、革共同関西派の8名の中執が暴力的に罷免され、中執はブントによって制圧された。この時点での全学連内部の勢力比は、ブント72、民青同22、革共同関西派16、その他革共同全国委、学民協とされる。この期の特徴は、再建された全学連の指導部をブント系が掌握し、急進主義運動を担いつつ60年安保闘争を主導的にリードしていったことに認められる。

3月、全学連第15回臨時大会が開かれている。全学連主流派は、民青同系と羽田闘争をボイコットした革共同関西派を「加盟費未納」などを理由として代議員資格をめぐり入場を実力阻止した。抗議した民青同派と革共同関西派の反主流派の代議員231名（川上徹『学生運動』では代議員234名）を会場外に閉め出した中で大会を強行した。会場内の主流派代議員は、261名（同書では代議員は181名）であったという。

これについて筆者は思う。大会開催に先立っての会場付近での主流派対反主流派の衝突が、後の全学連分裂を準備させることになった。してみれば、この大会は学生運動史上汚点を残したことになる。意見の違いを暴力で解決することと、多数派が少数派を閉め出したことにおいて、悪しき先例を作った訳である。この時点では、全学連主流ブント派は、明日は我が身になるなどとは夢にも思っていなかったと思われる。左翼運動の内部規律問題として、本来この辺りをもっと究明すべきとも思うが、こういう肝心な点について考察されたものに出会ったことがない。

大会は、全学連におけるブントの主導権を固め、「国会突入、羽田闘争を中心とした全学連の行動はまったく正しい」と評価し、「安保批准阻止闘争の勝利をめざして4月労学ゼネストを断乎成功させよう、岸帝国主義内閣を打倒しよう」と宣言した。島氏が挨拶に立ち、渾身の力を込めてブントの安保闘争への決意を表明した。人事は、委員長・唐牛（北大）を再選し、副委員長・加藤昇（早大）、糠谷秀剛（東大）、書記長・清水丈夫（東大）を選出し、60年安保闘争を闘い抜く態勢を整えた。

【清水幾太郎の「いまこそ国会へ――請願のすすめ」】

4月7日、雑誌『世界』5月号が発売され、清水幾太郎氏の「いまこそ国会へ――請願のすすめ」が公表された。清水氏は次のように主張していた。「請願は直接民主主義の一形態であり、代議制の機能不全の際の代替手段であって、議会が民意を代表し無いときは議会開設以前の政治手段であった請願を再評価し、復活すべきである」。「清水論文」は、日共が国会議事堂に近づくデモを禁じる方針を打ち出していたことへの批判でもあった。日共は、清水氏に対してプチブル急進主義者のレッテルを張り厳しく批判した。

【日共が60年安保闘争に本格的に参入】

4月17日、日共はこの日、日比谷野外音楽堂で党主催の「新安保条約批准阻止総決起大会」を開き、60年安保闘争を本格的に稼働させた。日共はそれまで一貫して岸政府打倒をターゲットとするという政治闘争としての位置づけを避け、安保闘争の盛り上がりに水を差していた。日共がひとたび動き始めると行動力も果敢で、中央段階ではオブザーバーではあったが地方の共闘組織では、社会党と並んで中心的位置を占め指導的役割を果たしていくことになった。しかし、「できるだけ広範な人民層の参加を得る」為にという口実で闘争戦術を落とし、幅広行動主義によるカンパニア主義と整然デモ行動方式を主張し、安保闘争を何とかして通常のスケジュール闘争の枠内に収めようとし始める。これにより、戦闘的な労働者学生の行動と次第に対立を激化させた。全学連指導部は、日共式「国会請願デモ」に対して、「お焼香デモ」、「葬式デモ」の痛罵を浴びせていくことになった。

【「お焼香デモか、ジグザグデモか」】

4月24日、ブントの第4回大会が開かれている。この時、島書記長報告がなされた。「3千名蜂起説」、「安保をつぶすか、ブントがつぶれるか」、「虎は死んで皮を残す、ブントは死んで名を残す」と後年云われる演説がぶたれたという。

4月26日、第15次安保阻止全国統一行動で10万人の国会請願運動が行われた。この時、国民会議は700名の警備隊を繰り出して、デモ隊から赤旗、旗ざお、プラカードなどを取り上げ「秩序ある請願的行動」を旨とする請願デモを行った。この時、全学連主流派は、「お焼香国会請願か、戦闘的国会デモか」と問題を提起し、全国82大学、20数校の全学スト・授業放棄で25万名を参加せしめ、都内では国会のチャペルセンター前に全学連7千名が結集し、国会正門前で警官隊と激しく衝突した。この闘争で唐牛委員長、篠原社学同書記長ら17名が逮捕され（この結果、唐牛・篠原は11月まで拘留される事になった）、100名の学生が重軽傷を負った。

全学連委員長唐牛は、自ら警官隊の装甲車を乗り越えて、「障害物を乗り越えて、国会正面前へ前進せよ」とアジり、国会正門前に座り込みを貫徹した。『唐牛追想集』は次のように証言している。「結局、もう決死隊しかないとなって、新宿で明け方まで酒を飲みながら、唐牛が『俺はこれに賭ける。トップバッターとなって、装甲車を乗り越えて国会構内へ飛び降りるから、その後は誰、次は誰』と、5人ぐらい決めましてね。何人か飛び込んだら局面が変わるだろうと。すると、本当に続々と何千人もが全部飛び込んでいった」。

島氏は、次のように記している。「たじろぐブント員を尻目に次から次へとバリケードによじのぼり、警官の壁を崩そうとする何千名の学生、労働者の姿を見て、感激の余り私は涙が出てくるのを禁じえなかった」（『ブント私史』）。

【韓国で李承晩政権打倒される】

この日、韓国での李承晩政権打倒闘争が最高潮に達し、ソウルでは学生、教授団を先頭に50万人の大デモが警官隊の発砲を省みず大統領邸に押し寄せた。翌4月27日、李承晩は国会に辞表を提出し、独裁政権に終止符が打たれた。この模様は、連日のように新聞やテレビで報道され、日韓の政治闘争が連動した。

【民青同の全学連分離行動始まる】

注目すべきは、この時、全学連反主流派民青同系学生が別行動で国民会議と共に国会請願運動を展開していることである。つまり、全学連の行動における分裂がこの時より始まったことになる。これより民青同系は、まず東京都において「東京都学生自治会連絡会議」（都自連）を発足させている。

これについて筆者は思う。この経過は民青同系指導部の独自の判断であったのだろうか、日共の指示に拠ったものなのであろうか。この時全学連運動内部の亀裂は深い訳だから、どうせ分裂するのならもっと早く自前の運動を起こすべきであったかもしれないし、闘争の最中のことであることを思えば分裂は避けるべきであったかも知れない。こういうことをこそ総括しておく必要があると思われる。

【政府自民党が新条約を強行採決】

5月19日、政府と自民党は、安保自然成立を狙って清瀬一郎衆院議長の指揮で警官隊を導入して本会議を開き、会期延長を議決。この時、自民党は警官隊の他、松葉会などの暴力団を院内に導入していた。夜11時7分頃、清瀬議長の要請で座り込みをしている社会党議員団のゴボウ抜きが強行された。会期延長に続いて、深夜から20日未明過ぎにかけて新条約を強行採決した。

この経過が報ぜられるに連れて「岸のやり方はひどい」、「採決は無効だ」、「国会を解散せよ」という一般大衆にまで及ぶ憤激を呼び、この機を境にそれまでデモに参加したことのない者までが一挙に隊列に加わり始めた。パチンコをしていた連中までが打ち止めてデモに参加したとも云われている。夕刻から労・学2万人国会包囲デモ。丸山眞男氏の寄稿文、『中央公論』の「8・15と5・19」は、次のように当日の様子を伝えている。「18日の夕方から文字通りハチ切れそうに膨れ上がった国会周辺の人波、シュプレヒコールの交錯、その向こうに黒潮のように延々と連なる座り込みの学生達」。

この日を皮切りに、「アンポ反対」の声から「民主主義の擁護！　岸内閣打倒！　国会解散！」に変わった。これより1ヶ月間デモ隊が連日国会を取り囲み、未曾有の全国的な国民闘争が展開していくことになった。事態が大きく流動化し始めた。「労働運動指導部が、民主主義擁護と国会解散を掲げて、大きくプロレタリア大衆を動かし出した」。ブントにとっても、「事態の後に追いついていくのが精一杯」という意想外のうねりをもたらし始めた。

【全学連による官邸襲撃事件発生】

５月20日、全学連、全国スト闘争、国会包囲デモに２万人結集。抗議集会後渦巻きデモに移った。７千名の学生デモ隊の一部約３００名が首相官邸に突入した。武装警官隊の排除が始まったが、この時の乱闘で８名の学生が逮捕され、26名が病院に担ぎ込まれ、40名が負傷している。これを「官邸襲撃事件」という。

この頃の情況について、島氏は、『生田夫妻追悼記念文集』の中で次のように述べている。「５月20日、安保強行採決を境に、日本の政治は戦後最大の山場にさしかかった。潮が上げ、出来合いのあらゆる潮流を越え、押し寄せる時、この既成潮流を叩き潰すためにこそ誕生したブントも、潮そのもののなかで辛うじて大衆と共に浮沈する存在でしかなくなっていた。統一など既になかった」。

【連日の国会包囲デモ】

５、６月に入るや知識人、学者、文化人らの動きも注目された。５月20日、九大の井上正治教授ら86名が、政府与党の強行採決に反対して国会解散要求声明を発表した。大学教授団によるこの種の声明が全国各地で相次いだ。竹内好、鶴見俊輔らは政府に抗議して大学教授を辞任した。これらの知識人の呼応は民主主義を守る立場からのものであり、全学連主流派の呼号する「安保粉砕・日帝打倒」とは趣の違うものであったが、こうして闘争が相乗する流動局面が生まれて行くことになった。

5月26日、安保改定阻止国民会議第16次抗議デモが行われ、17万余が国会包囲デモ、「岸内閣打倒・国会解散」行動に入る。デモの様子が次のように伝えられている。概要「デモ隊は果てしなく続き、林立する赤旗、プラカードの数は刻々と増えていった。どの道も身動きできないありさまであった。全学連デモ隊は激しくジグザグ・デモを繰り返す中で、社共の議員や幹部は閲兵将軍のように高いところからアリガトウゴザイマス、ゴクローサンデスと繰り返していた」。

5月28日、岸首相は記者会見で次のように述べた。「現在のデモは特定の組織力により、特定の人が動員された作られたデモである。私は一身を投げ出しても暴力で危機にさらされている我が国の議会制民主主義を守り抜く考えである。現在のデモは『声ある声』だが、私はむしろ『声なき声』に耳を傾けたい」。以降、デモ隊の中に「声なき声の会」ののぼりが登場することになった。

【この頃の社共の対応】

5月31日、日共は、「国会を解散し、選挙は岸一派を除く全議会勢力の選挙管理内閣で行え」声明を発表。何とかして議会闘争の枠内に引き戻そうとさえ努力している形跡がある。

6月1日、社会党代議士が議員総辞職の方針を決定。吉本隆明らが6月行動委員会を組織、ブント全学連と行動を共にした。日高六郎・丸山真男らも立ち上がった。「アンポ　ハンタイ」の声は子供たちの遊びの中でも叫ばれるようになった。他方、児玉誉士夫らは急ごしらえの右翼暴力組織をつくり、別働隊として全学連を襲う計画で軍事教練を行い始めた。

【ブントが特別行動隊を結成し首相官邸突入】

６月３日、全学連９千名が首相官邸に突入。学生たちはロープで鉄の門を引き倒して官邸の中に入り、装甲車を引きずり出した。警官隊がトラックで襲ってくるや全面ガラスに丸太を突っ込んで警官隊を遁走させている。乱闘は６時過ぎまで繰り返され、13名の学生が逮捕、16名が救急車送りとなった。警官隊の負傷93名と発表された。

【「ハガチー事件」発生】

６月10日、安保改定阻止第18次統一行動。全学連５千名が国会包囲デモ。国民会議が国会周辺で20数万人デモ。この時ハガチー（米大統領新聞係秘書）は、羽田空港で労働者・学生の数万のデモ隊の抗議に出迎えられた。ハガチーの乗った車は、どういうわけか警備側申し入れ通りに動かず、デモ隊の隊列の中に突っ込み「事件」となった。米軍ヘリコプターと警官の救援でやっと羽田を脱出、裏口からアメリカ大使館に入るという珍事態が発生した。これを「ハガチー事件」と云う。「ハガチー事件」は、日共が60年安保闘争中で見せた唯一と云ってよい戦闘的行動となった。

【岸首相の自衛隊治安出動要請拒否される】

この頃、岸首相は、防衛庁長官の赤城宗徳を呼びつけ、アイク訪日の際の警備に自衛隊の治安出動を要請している。赤城は、概要「それは、できません。自衛隊の政治軍隊としての登場は、支持が得られない。リスクが大きすぎる」と答えている。杉田一次陸上幕僚長も動かなかった。こうして、岸首相の自衛隊出動要求は拒否された。

【6・15国会前、樺美智子死亡事件】

6月15日、国民会議の第18次統一行動、安保改定阻止の第二次全国ストが遂行された。この日未明から、国労・動労がストライキに入った。総評は、111単産全国580万の労働者が闘争になだれ込んだと発表した。東京では、15万人の国会デモがかけられた。大衆は、整然たるデモを呼びかける日共を蔑視し始めており、社会党にも愛想を尽かしていた。

ブント系全学連は国会突入方針を打ち出し、学生たちを中心に数千人が国会突入を敢行した。中執の北小路敏氏が宣伝カーに乗り指揮を取っていた。明大・東大・中大の学生が主力であった。当時のデモ隊は全く素手の集団だった。あるものはスクラムだけだった。午後7時過ぎ、警視庁第4機動隊2千名が実力排除を開始した。1千500名の全学連部隊に警棒の雨が振り下ろされた。この警官隊との衝突最中に、ブント創設以来の女性活動家・東大文学部3年生であった樺美智子が死亡する事件が起こった。

午後8時頃、3千名の学生は再び国会構内に入り、警官隊の包囲の中で抗議集会を開いた。南通用門付近は異常な興奮と緊張が高まっていた。「社会党の代議士はオロオロするばかり。共産党幹部は請願デモの時には閲兵将軍みたいに手を振って愛想笑いを浮かべる癖に、この時は誰一人として出てこなかった」。午後10時過ぎ、再度の実力排除が行われ、警官隊は再び学生を襲撃した。都内の救急車が総動員された。この時の乱闘では死者は出なかったが、重軽傷者の数は増した。この日の犠牲者は死者1名、重軽傷712名、被逮捕者167名。この時都自連に結集した1万5千名の学生デモ隊は、国民会議の統制のもとで国会請願を行っていた。

夜11時過ぎ早大、中央大、法政大、東大などの教授たち1千名が教え子を心配して駆けつけたが、警視庁第4機動隊はここにも襲撃を加えている。現場の報道関係者も多数負傷している。門外に押し出された学生は約8千名で国会正門前に座り込んだ。11時頃バリケード代わりに並べてあったトラックを引き出して炎上させている。この間の乱闘の最中、現場記者が「今学生がたくさん殺されています。労働者の皆さんも一緒に闘ってください」と泣きながら訴えている。労働者デモ隊はそれに応えなかった。社会党議員は動揺しつつも「整然たるデモ」を呼びかけ続けるばかりで何の役にも立たなかった。

【6・15事件に対する社共、中共の反応】

この時、ニュースで死者が出たことを聞き知った宮顕、袴田が忽然と自動車でやってきて、

『アカハタ』記者に傲然《ごうぜん》と「だいぶ殺されたと聞いたが、何人死んだのか」と尋ねている。記者は「よく分からないが、自分ではっきり確認できたのは1人だけです」と答えると、「なんだ、たった1人か」、「トロツキストだろう。7人位と聞いていたが」と吐き捨てるように云って現場を後にしたと伝えられている。

日共は当夜緊急幹部会を開き、樺美智子の死をめぐって一片の哀悼の意をも示さぬまま次のように声明した。概要「事件の責任は、トロツキストの挑発行為、学生を弾圧の罠にさらした全学連幹部、アメリカ帝国主義のスパイにある。我が党は、かねてから岸内閣と警察の挑発と凶暴な弾圧を予想して、このような全学連指導部の冒険主義を繰り返し批判してきたが、今回の貴重な犠牲者が出たことに鑑みても、全学連指導部がこのような国民会議の決定に反する分裂と冒険主義を繰り返すことを、民主勢力は黙過すべきでない」。

社会党は、樺美智子氏の死に対して党としての指導力量不足であるとしつつ、次のような見解を述べている。「社会党はかかる事態を防止するため数回、学生側及び警察側に制止のための努力をした。しかし力が足らずに青年の血を流させたことは国民諸君に対し、深く責任を感じ申し訳ないと思う」。

毛沢東は、彼女を「日本人民の民族的英雄」と讃え次のように述べた。概要「勝利は一歩一歩得られるものであり、大衆の自覚も一歩一歩と高まるものである。日本国民が反米愛国の正義の闘争の中で一層大きな勝利を勝ち取ることを祈る。樺美智子さんは全世界にその名を知られる日本の民族的英雄となった」。これについて筆者はかく思う。毛沢東声明は、日共声明と鮮明に食い違う論評を寄こしていることになる。

【新安保条約成立、岸首相が退陣表明】

6月18日、30万人が徹夜で国会包囲デモ。国民会議は、「岸内閣打倒・国会解散要求・安保採決不承認・不当弾圧抗議」の根こそぎ国会デモを訴えた。ありとあらゆる階層の老若男女が黙然と座り込んだ。6月19日午前零時、新安保条約が参議院通過、自然成立、発効した。この時4万人以上のデモ隊が国会と総理官邸を取り囲んでいたが、自衛隊の出動を見ることもなく事故なく終わった。イタリアの『ラ・ナチオー紙』記者コラド・ピッツネリは、「カクメイ、ミアタラヌ」と打電している。毎日新聞は「こんな静かなデモは初めてだ。デモに東洋的礼節を発見した」とコメントしている。

この時のことを島氏はこう記している。「1960年6月18日、日米新安保条約自然承認の時が刻一刻と近づいていたあの夜、私は国会を取り巻いた数万の学生・市民とともに首相官邸の前にいた。ジグザグ行進で官邸の周囲を走るデモ隊を前に、そしてまた動かずにただ座っている学生の間で、私は、どうすることも出来ずに、空っぽの胃から絞り出すようにヘドを吐いてうずくまっていた。その時、その横で、『共産主義者同盟』の旗の近くにいた生田が、怒ったような顔つきで、腕を振り回しながら『畜生、畜生、このエネルギーが！　このエネルギーが、どうにも出来ない！　ブントも駄目だ！』と誰にいうでもなく、吐き出すように叫んでいた。この怒りとも自嘲ともいえぬつぶやきを口にした生田……」(『文集』)。
6月23日、岸首相は、芝白金の外相公邸で、藤山・マッカーサーの間で批准書が交換されたのを見届けた後、退陣の意思を表明した。

【樺美智子追悼集会】

6月23日、樺美智子国民葬。参加者約1万名。共産党は不参加を全党に指示した。その夜、全学連主流派学生250名が、「樺美智子(共産主義者同盟の指導分子)の死は全学連主流派の冒険主義にも責任がある」とした『アカハタ』記事に憤激して、党本部に抗議デモをかけた。
これに対して、日共は、トロツキストの襲撃として公表し、6月25日『アカハタ』に党声明として次のように顛末を報じている。「百数十人のトロツキスト学生が小島弘、糠谷秀剛(全学連中執)、香山健一(元全学連委員長)、社学同書記長藤原らに率いられて党本部にデモを行い、『宮本顕治出て来い』、『香典泥棒』、『アカハタ記事を取り消せ』などと叫んだが、党員労働者によって排除された」。

【安保闘争の終わりと島氏の述懐】

これより以降、デモ参加者が急速に潮を引いていくことになり、60年安保闘争は基本的に終焉した。後は闘争の総括へ向かっていくことになる。こうして安保闘争は、戦後反体制運動の画期的事件となった。ブントの政治路線は、「革命的敗北主義」、「一点突破全面展開論」と云われる。これをまとめて「ブント主義」とも云う。但し、この玉砕主義は、後の全共闘運動時に「我々は、力及ばずして倒れることを辞さないが、闘わずして挫けることを拒否する」思想として復権することになる。

島氏は、第一次ブントの軌跡について『戦後史の証言ブント』の中で次のように語っている。概要「確かに私たちは並外れたバイタリティーで既成左翼の批判に精を出し、神話をうち砕き、行動した。また、日本現代史の大衆的政治運動を伐り開く役割をも担った。あの体験は、それまでの私の素質、能力の限界を超え、政治的水準を突破した行動であった。そして僅かばかりであったかも知れぬが、世界の、時代の、社会の核心に肉薄したのだという自負は今も揺るがない。私はブントに集まった人々があの時のそれぞれの行動に悔いを残したということを現在に至るも余り聞かない。これは素晴らしいことではないだろうか。そして自分の意志を最大限出し合って行動したからこそ、社会・政治の核心を衝く運動となったのだ。その限りでブントは生命力を有し、この意味で一つの思想を遺したのかも知れぬ。安保闘争に於ける社共の日和見主義は、あれやこれやの戦略戦術上の次元のものではない。社会主義を掲げ、革命を叫んで大衆を扇動し続けてきたが、果たして一回でも本気に権力獲得を目指した闘いを指向したことがあるのか、権力を獲得し如何なる社会主義を日本において実現するのか、どんな新しい国家を創るのか一度でも真剣に考えたことがあるのか、という疑問である」。

【諸氏の60年安保闘争論】

日共は、この一連の経過で一貫して「挑発に乗るな」とか「冒険主義批判」をし続け、戦闘化した大衆から「前衛失格」、「前衛不在」の罵声を浴びることになった。「乗り越えられた前衛」は革新ジャーナリズムの流行語となった。吉本隆明氏の次の言葉が実感を持って受けとめられた。「戦前派の指導する擬制前衛達が、十数万の労働者・学生・市民の眼の前で、遂に自ら闘い得ないこと、自ら闘いを方向づける能力の無いことを、完膚無きまでに明らかにした」(『擬制の終焉』60年9月)。

徳球時代の元『アカハタ』編集局長・藤原春雄氏は次のように述べている。「党は、安保闘争の中で、闘争に対する参加者の階層とそのイデオロギーの多様性を大きく統一して、新しい革新の方向を示すことが出来なかった。逆に、違った戦術、違った思想体系、世界観の持ち主であることによって、それに裏切り者、反革命のレッテルを貼ることで、ラジカルな青年学生を運動から全面的に排除する政策を採った。そのため、安保闘争以後の青年学生戦線は深刻な矛盾と対立を生んだ」(藤原春雄『現代の青年運動』新興出版社)。

ちなみに、藤原氏は第8回党大会後間もなく離党している。これについて筆者は思う。これが素直な受け取りようではなかろうか。藤原氏の観点は、徳球――伊藤律系党中央の共産党なら、このように評価したであろうという見本を披瀝している。

【れんだいこの60年安保闘争の史的意義論】

１９６０年初頭、日本は、戦後来の憲法秩序に対して別系の安保秩序が導入されんとしていた。戦後左派運動は当然の如くこれに反発した。いち早く腰を上げたのは学生運動であった。全学連内の第一次ブント、日共、革共同という三派競合の中から躍り出たのが島――生田の指揮する第一次ブントであった。その闘いぶりは世界中に「ゼンガクレン」として知られることになった。

第一次ブントは、59年末の国会突入、60年冒頭の羽田空港占拠、首相官邸及び国会再突入で岸政権を揺さぶった。多くの学生が逮捕されたが、怯むことなく闘争に継ぐ闘争に向かった。第一次ブントの跳ね上がりを可能にせしめたのは当時の労学共闘であった。日共は専ら敵対したが、社会党・総評の下部労組員がこれを支えた。岸政権は60年安保条約の締結を見返りに退陣に追い込まれた。この運動のみが、日本左派運動史上今も左派運動の昂揚で時の政権を瓦解させた初事例となっている。そういう意味で特筆されねばならないと思う。60年安保闘争は、戦後左派運動の金字塔であり、それを牽引した第一次ブントが、以来後にも先にも例がないという意味で今も栄誉に輝いている。

筆者は、以上の評価に次のような認識をも加える。60年安保闘争にはもう一つ意義が認められる。それは、60年安保闘争が結果的に岸首相に結節したところの政府自民党内のネオシオニズム系戦後タカ派政権を失脚させたことにより、次にハト派政権を呼び込んだという歴史的意味がある。筆者の見立てるところ、政府自民党内のハト派政権は、土着派的プレ社会主義的要素を持つ日本政治史上稀有な善政政権であり、60年安保闘争が結果的にその誕生を後押ししたことになる。この意義は、今のところ誰にも指摘されておらず筆者の独眼流となっている。この観点が正史としての記述となるべきところ、あぁだがしかし、その後の日本左派運動は、第一次ブントの解体、労学共闘の雲散霧消に向けて勤しむことになり、この傾向が今日まで続き惨憺たる状況へと至っている。政府自民党内ハト派との歴史的な阿吽呼吸による裏連携的意義も顧慮されていない。

他方で、本質的に見て、社共運動が政府自民党内タカ派と裏連携的な政治的役割を果たし続けて今日に至っている。日本左派運動にはこういう倒錯が纏《まと》いついている。これは偶然であろうか、故意作為なものではなかろうか。そういうことを考察してみたい。補足すれば、この考察を抜いた正史ならぬ逆さ史を幾ら学んでも、学べば学ぶほど阿呆になる。そういう空疎史ばかりが供給され続けている。この状況を知らねばならない。こう見立てるべきところ、60年安保闘争を牽引し闘い抜いた第一次ブントは、これをどう総括したのだろうか。これについては次章で見ていくことにする。

第10章　60年安保闘争直後・ブントの大混乱期（6期その1）

【池田政権登場と高度経済成長政策】

１９６０年（昭和35）７月、岸の後継として池田政権が誕生した。池田首相は、「忍耐と寛容」、「所得倍増」を旗印に掲げ、「私は任期中は刑法改正も再軍備もしません」と声明した。まず経済復興からというのが信念であった。「経済のことはお任せください」、「毎年７・２％の成長確保で10年間で国民の所得を２倍にしてみせます」と述べ、社会資本の充実、産業構造の高度化、貿易と国際経済協力の促進、人的能力の向上と科学技術の振興、二重構造の緩和と社会安定の確保の五つを柱を掲げた。

国民所得倍増計画によれば、年平均7・29％の成長を続ければ10年間で所得が２倍になり、その為の政府政策として、１　毎年１千億円以上の減税、２　公社債市場の整備、３　道路の整備や鉄道の近代化など公共事業の拡充を行うとしていた。いわゆる高度経済成長時代が始まった。この政策は見通し以上の効果を上げ、１９７３年（昭和48）のオイル・ショックが起きるまで年平均10％以上の成長を持続させ、この間に国民所得を約２倍半に拡大していくことになった。

消費者物価の上昇があったにせよ、それを上回る所得となったことは疑いない。

これについて筆者は思う。見落とされがちであるが、日本左派運動はこの時期戦後保守本流を形成した自民党内ハト派の評価と、その経済政策即ち高度経済成長路線に対し理論的考察を解怠している、というか理論的解明する能力を持ち合わせていない。それは、戦後日本のプレ社会主義性論を創造できず、ステロタイプな資本主義論、帝国主義論の枠組みの中でしか評論できない悪しき習性によっていたのではなかろうか。事実は、池田内閣の高度経済成長路線は、戦後日本のプレ社会主義性を踏まえた、その合法則的施策ではなかったか。戦後政府与党を担う自民党内は、ハト派とタカ派の寄り合い世帯であり、タカ派の岸内閣が打倒された反転によりハト派の池田内閣が誕生し、池田政権はその期待に応えたのではなかったか。

国民は、この池田内閣の高度経済成長路線の人民主義的本質を見抜き、「親方日の丸」式一億一心的官民協力体制に邁進していくことになった。考えようによれば、これを支持するグループこそ日本式土着型の社会主義者であったかも知れず、ステロタイプな理論を弄び体制打倒を叫び、戦後日本のプレ社会主義性を否定する面々こそ単なる字面追い自称社会主義者にして本質保守であったかも知れない、という皮肉な現象が生まれることになった。

【宮顕派と春日（庄）派の抗争】

ポスト安保後、日共党内で春日（庄）派が宮顕系党中央に対して造反した。春日（庄）派は、構造改革派として立ち現われ、反独占民主主義革命による社会主義的民主主義の道を指針させていた。宮顕党章草案のアメリカ帝国主義に対する従属国家規定論に異を唱え、日本独占資本主義国家自立規定論を対置した。当面の革命の性質に於いても、宮顕党章草案のブルジョア民主主義革命から始まる二段階革命論に対し社会主義革命一段階革命論を主張していた。

この場合、新左翼系の革共同、ブントの社会主義革命論とどう違うのかということになるが、構造改革派の特徴は議会主義的反独占社会主義革命を目指し、現実的具体的な展開として「平和・民主・独立・生活向上の為の闘争」へと向かうべきと主張しているところにあった。即ち平和共存時代における「一国社会主義的、平和革命的、議会主義的革命運動」を指針させようとしていた。しかし、この路線は、この時点では「敵の出方論」を採用していた宮顕的党路線より穏和的な革命路線でもあった。つまり、社会主義革命を指針させながら実際には体制内改革に向かうというヌエ的なところがあった。宮顕はこのちぐはぐを見逃さず、右派理論として一蹴していくことになった。

ところで、以上のような解説以外に付け加えておくことがある。両派の対立には60年安保闘争におけるブントの評価問題が絡んでいた。春日（庄）らはブント的運動を好評価し、党指導による取り込みないし共同戦線化を指針させていた。宮顕系党中央は、「トロツキストは、その最大の目的が社会主義国の転覆と各国のマルクス・レーニン主義党――共産党の破壊にある。文字通りの反革命挑発者集団であり、また当然にわが国の民主運動の挑発的攪乱者である。彼らの極左的言動は、彼らの本質を隠蔽するものに過ぎない。従って、トロツキストは、民主運動から一掃さるべきであり、その政治的思想的粉砕は我が党だけでなく、民主運動全体の任務である」（日本共産党第7回党大会14中総決議）としていた。これについて筆者は思う。この両論、どちらが正解だろうか。筆者見解は云うまでもない。

【三池闘争収束する】

7月、三井三池の会社側御用組合の第2組合と第1組合の衝突で、警官隊も含めた乱闘で30０名が負傷した。7月17日、全学連は三池争議に350名の支援団派遣。池田内閣は収拾工作に乗り出し、8月、中労委あっせん案が示された。11月、総評、炭労ともに中労委裁定の受諾を決め、ついに三池争議は収拾にむかった。三池闘争は戦後15年間の労働運動の総決算の意味をもっていた。

【全学連第16回大会、民青同系の全学連離脱】

7月、全学連第16回大会は三派に分かれて開催されることになった。この第16回大会こそ、全学連統一の最後のチャンスであった。運動論、革命論や安保闘争についての総括について意見がそれぞれ違っても、全学連という学生組織の統一機関としての機能を重視すれば賢明な対処が要求されていたものと思われるが、既に修復不可能であったようである。全学連主流派は、大会参加に当たって民青同系都自連の解散を要求した。これに対し都自連は、都自連解散要求の撤回、

第15回大会は無効である、で対抗した。革共同関西派は、8中執の罷免取消しを要求した。お互い相手が呑めない要求を突きつけているることが分かる。

全学連第16回大会は、ブントと革共同全国委派だけの大会となった。大会では、それぞれの派閥の安保闘争総括論が繰り返され、もはや求心力を持たなかった。大会は、60年安保闘争を「6・19以後の学生と労働者、人民の闘いは、日本帝国主義が安保にかけた二つの政治的目標——国際的威信の確立と国内政治支配の確立——を反対物に転化せしめたがゆえに安保闘争は政治的勝利をもたらした」と総括し、60年秋こそ決戦だとした。委員長に唐牛、書記長に北小路を選出した。

都自連は自前の全学連組織を作っていくことになり、全国学生自治会連絡会議（全自連）を結成した。全自連は、連絡センターとして代表委員会を選出し、教育大、早大第1文、東大教養学部、神戸大などの自治会代表が選ばれた。この流れが以降「安保反対、平和と民主主義を守る全学生連絡会議」（平民学連）となり、民青同系全学連となる。

【ブント分裂・崩壊】

7月26日、ブント政治局は、『戦旗』22号で、「同盟を真の前衛として再建せよ！　安保闘争の総括と同盟活動の展望」なる長大な論文を発表し、同盟が中央から細胞に至るまで解体状況にあることを暴露した。7月29日、ブント第5回大会が開催された。この大会は大混乱を極めた。

60年安保闘争の評価を廻って、「ブント――社学同――全学連」内部で、安保条約の成立を阻止し得なかったことに対する指導部への責任追及の形での論争が華々しく行われた。論争は、この間のブント指導の急進主義的闘争をどう総括するのか、その闘争の指導のあり方（革命的敗北主義、捨石論、一点突破全面展開論）や、革命理論をめぐっての複雑な対立へと発展していくこととなった。ブント書記長の島氏は次の世代に下駄を預けた。

8月、この過程で指導部に亀裂が入り、東京のブント主流は3グループ（それぞれのグループの機関紙の名前をとって、革命の通達派、戦旗派、プロレタリア通信派）に分かれていくことになった。一番勇ましかったのが革命の通達派であった。東大派とも云われ、東大学生細胞の服部、星野、長崎らによって構成されていた。これに早大派が連なった。8月14日、いわゆる星野理論と云われる「安保闘争の挫折と池田内閣の成立」を発表して次のように攻撃した。

概要「安保闘争の中で、現実に革命情勢が訪れていたのであり、安保闘争で岸政府打倒→政府危機→経済危機→革命という図式で、権力奪取のための闘いを果敢に提起すべきであった。敗北の原因は、闘争の最終局面に於いて国会再突入方針を提起できなかったブント主義の不徹底さにあり、ブントの行動をもっと徹底して深化すべきであった。政治局は階級決戦であった安保闘争を過小評価した故に日和見した」。

これとは逆に、ブント式玉砕闘争を批判したのが戦旗派であった。労対派とも云われるが、森田、田川、守田、西江、陶山、倉石、佐藤、多田、鈴木、大瀬らが連なった。出獄後の唐牛委員長、社学同委員長篠原もこの派に属することになる。戦旗派は、革命の通達派の主張を「主観主義」、「小ブル急進主義」と規定し、「革命の通達派的総括は前衛党建設を妨害する役割しか果たさない、マルクス主義とは縁のない思想だ」と反論した。60年安保闘争について、革共同的批判を受け入れブント的60年安保闘争を否定する立場に立ち次のように主張した。

概要「この間のブント的指導は、安保闘争の中で前衛党の建設を忘れ、小ブル的感性に依拠した小ブル的再生産闘争であり、プチブル的運動でしかなかった。その根源はスターリニズムに何事かを期待する残滓的幻想にあり、本来は前衛党建設のための理論的思想的組織活動の強化を為すべきであった。組織温存の観点が欠落した一揆主義であった」。

両派の中間に立ってブント全学連の闘いを是認しようとしたのが、プロレタリア通信（プロ通派）派であった。全学連書記局派とも云われ、この派には、青木、北小路、清水、林らが連なった。次のように主張した。概要「ブント＝安保全学連の闘いは正当に評価されるべきだ。基本的にブントの方針は正しかった。たらいの水と共に赤ん坊を流してしまってはいけない」。こうして、第一次ブントは、安保闘争の総括を廻って大混乱し「ブントの空中分解」に向かうことになった。

【ブント分裂考】

これについて筆者は思う。ブント三派のうち、60年安保闘争に果たしたブントの功績を確認するプロ通派の観点が至極真っ当だと思われるが、革命論的観点しか持たず、岸政権打倒の歴史的意義を捉え損ねていたので防戦を余儀なくされることになったのも止むを得まい。これをもう少し愚考すると、当時の時代的限界であったにせよ理論的貧困が真の要因であるように思われてならない。どういうことかと云うと、ブント三派はこの時、60年安保闘争に続く池田政権打倒の位置づけを廻って混乱し、且つ急速に潮を引いた労学運動に対する識見不足をこそ切開せねばならなかったところ、これに失敗したというのが背景事情なのではなかろうか。

筆者は、ブント三派が、「60年安保闘争論、池田政権論」を廻って三派三様に対応し混乱しているのに対し、「60年安保闘争能く闘った論、池田政権是々非々論」に立つ。しかし、この観点は「戦後日本プレ社会主義論、政府自民党内ハト対タカ地下暗闘論」に立たざる限り発想できない。日帝打倒論一本槍の、ブント及び当時の日本左派運動総体のステロタイプな反資本主義論からは生まれないであろう。とりあえず以上示唆しておく。

ところで、第一次ブントの面々のその後はどうなったであろうか、これを検証するのも興味深い。思うに、それぞれが痕跡を残しつつ銘々の旅立ちへ向かったのではなかろうか。特徴的なことは、マルクス主義のより進化を目指したグループ、マルクス主義と決別し保守派に移行したグループの二方向に極端に分岐したところがブントらしい。

【社青同の誕生】

10月、社会党の青年運動組織として社会主義青年同盟（社青同）が結成された。遅まきながら社会党は、日共の民青同育成方針にならってこのポスト安保直後の時点で自前の青年運動創出の必要を党議決定し、誕生させたということになる。特徴的なのは社会党との関係であり、次のように位置づけていた。

概要「一応社会党から独立した組織とし、現在の社会党に対しては批判はあるが、これを支持し、社会党との間に正式に協議会を持ち、社会党大会には支持団体として代議員を送る」。つまり、日共と民青同との関係ほどには統制しない緩やかな組織結合を目指したということになる。この社青同がこの後社会党内の左派的潮流を形成していくことになる。ブント運動の花粉が意外なところに運ばれ結実したとも考えられる。

【81カ国共産党・労働者党代表者会議】

11月、日共は、「81カ国共産党・労働者党代表者会議」に、団長・宮顕書記長、随員・袴田、西沢、米原の顔ぶれで参加した。大会は、予備会議から本会議までえんえんと2ヶ月間も続く会議となったが、国際共産主義運動の団結を求めながら既に制御し難い分裂ぶりを印象づける結果になった。

第11章　マル学同全学連の確立（6期その2　1961）

【第一次ブント解体】

2月、ブント戦旗派（労対派）は、革共同全国委のオルグを受け入れ、4月、組織を解散させての合同決議を行い正式に合同した。これについて筆者は思う。「れんだいこ式組織論」によれば、党内の意見の対立は党内で解決すれば良い。それをせず対立党派に合同するとはこれ如何に。ブントは、日共式民主集中制論に代わる組織論を確立し損なったということになろう。

ブント革通派は、池田内閣打倒闘争の中で破産した。この派からの移行は記されていないので不明。ブントプロ通派も戦旗派に遅れて解散を決議し、その多くが革共同全国委に合流した。ちなみに、プロ通派から革共同に移行したメンバーには、現在も中核派最高指導部に籍を置く清水丈夫氏、北小路敏などがいた。次のように記述されている。「北小路・清水ら旧プロレタリア通信派は、マル学同からまだ自己批判が足らぬとされ、北小路は全学連書記長を解任された。彼らはその後遅れてマル学同へ加盟する」。

革通派の林紘義一派は、独立して「共産主義の旗派」を結成した。とはいえ、明大や中大ブントは分裂せずに独自の道を歩んだ。東京ブントは、分裂模様を見せたが関西ブントは独自の安保総括を獲得して大きな分裂には至らなかった。ここまでの軌跡を第一次ブントと云う。こうしてブントは、四分五裂の様相を呈することとなった。結局ブント——社学同は、結成後2年余で崩壊してしまった。綱領も作らぬまま、革命党として必須の労働者の組織化にほとんど取り組まないうちに崩壊したことになる。ブントの思想的理論的組織的限界の帰結でもあった。

これについて筆者は思う。第一次ブントは、自ら解体し雪崩を打って革共同に吸収されていったが、理論的貧困の極みではなかったか。元々ブントと革共同の間には、深遠なる融和しがたい思想的相違があったものと思われるが、結成間もなく60年安保闘争に突入していかざるをえなかったという党派形成期間の短さによるブント理論の共有化の失敗であったと思われる。60年安保闘争の渦中で、それを島——生田指導部にねだるのは酷かもしれないとも思う。

私見は、ブントと革共同の間には単に運動論、組織論、革命論を超えた世界観上の認識の相違があり、相互移行できるようなものではない。云うなれば、「この世をカオス的に観るのか、ロゴス的に観るのか」という最も基本的なところの相容れざる相違であり、ブントはカオス派であり革共同はロゴス派的であろうとより一層組織形成しつつあったのではなかったのか。この両極の対立は、人類が頭脳を駆使し始めて以来発生しているものであり、私は解けないが故に気質として了解しようとしている。

実際、この両極の対立は、日常の生活に於いても、政治闘争も含めたあらゆる組織形成、運動展開においてもその底流に横たわっているものではなかろうか。ユダヤ——キリスト教的聖書にある箴言「初めに言葉ありき」はロゴス派の宣言であり、日本の神道的「森羅万象における八百万的多神観」はカオス派のそれのように受けとめている。両者の認識はいわば極と極との関係にあり、ブントと革共同は、この相容れぬそれぞれの極を代表しており、相対立する世界観に支えられて極化した運動を目指していたのではなかったか、と思う。筆者は、島氏的観点――ごった煮的カオス的な善し悪しさ――が、当時のブントに伝えられていなかったことを惜しむ。それは、「60年安保闘争」に挫折したにせよ、ブントのイデオロギーは護持されていくに値あるものと思うから。本来革共同に移行し難いそれとして併存して運動化し得るものであったと思うから。

どちらが良いと簡単には結論づけられないが、そういう違いにあるブント思想の思想性が島氏周辺に共有できていなかったことが知らされるということである。ブントのこの己自身の思想的立場を知ろうとしない情緒的没理論性が、この後の四分五裂化につきまとうことになる。あるのは情況に対する自身の主体的な関わりであり、ヒロイズムへの純化である。このヒロイズムは、情況が劣化すればするほど先鋭的な方向へ突出していくことで自己存在を確認することになり、誇示し合うことになる。惜しむらくは……というのが筆者の感慨である。

【マル学同が全学連を掌握】

4月5日、全学連第27回中央委員会が開かれた。この会議は唐牛ら5名の中執によって準備され、彼らの自己批判的総括とともに、篠原社学同委員長から、「ブント――社学同の解体」が確認され、「マル学同――革共同全国委への結集」が宣言された。こうしてマル学同は、ブントからの組織的流入によって飛躍的に拡大し、一挙に1千余名に増大することになった。これによって、全学連指導部はマル学同が主導権を握るに至った。

【「全自連」への構造改革派の影響】

この頃、「全自連」指導部が、構造改革派の影響を受けることになった。東京教育大学・早大・神戸大・大阪大などの指導的活動家が、構造改革派へ誼を通じていくことになった。黒羽、田村、等等力らは学生運動研究会を組織し、3月に『現代の学生運動』なる書を公刊した。ここには、学生運動を「反独占統一戦線」の一翼として位置づけ、構造改革路線に基づく独自の政治方針を展開した。

【島の「黒寛派の全学連無血占領」批判】

この頃の島氏の動向が、『未完の自伝――1961年夏のノート』に次のように記されている。概要「ともかく60年8月のブント大会から始まった日本の左翼の思想的再編は、今年の4月、プロ通派・革通派の解散、戦旗派の黒寛派への移行、黒寛派の全学連無血占領によって新しい段階に入った。日本左翼にとって、このブントの分解に見られる思想的混乱は、戦後最大のものである。因みに50～51年の、56～58年のそれと比較してもすぐ分かる。目標は反黒、反日共の革命的左翼のケルンの結集。その為に、ブントの中で最も優れた部分の結集、あるいは各方面での思想運動。第三にブントの全面的（思想的、政治的）批判。第四にマル共の分裂の促進（第８回大会を控えて）。第五に経済的基礎の確立。第六に学生運動史資料の整備。以上の目標を決めて始めた。そして２ヶ月たった」。これについて筆者は思う。「目標は反黒、反日共の革命的左翼のケルンの結集」とある。深く噛み締め味わうべきであろう。

【日共が綱領草案を決定、踏み絵と化す】

３～４月、日共の綱領草案が多数決で決定された。以降、論議は「既に全て解決済み」とされ、綱領が絶対的な基準になった。党中央は、党大会に向けての大会代議員の選出に露骨な介入をしていくことになり、反対分子の多いと見られる地方組織に党中央派幹部を派遣して締め付けをはかった。府県から地区に至るまで党会議や委員会総会は草案を踏み絵として党員を点検する検察の場と化した。「さしあたってこれだけは」のアピールの発起人であった関根弘（除名）と武井昭夫（１年間党員権停止）が処分された。初代全学連委員長時代、宮顕に最も信頼を寄せていた武井氏は紆余曲折を経て最終的に斬り捨てられることとなった。続いて、同調していた「新日本文学会」派の作家、評論家たちが除名された。７月、安東仁兵衛が離党届を都委員会に送付する。

これについて筆者は思う。この過程の問題点は、宮顕が、徳球時代の党運営を家父長制的権威主義として批判をしていたにも拘わらず、自らが党中央になるやその徳球式のそれよりも排他的な党運営をし始めたことになる。ここが衝かれるべきであったが党内反対派の批判が弱かった。宮顕の非を暴きだすためには、かつて宮顕の口車に乗って徳球党中央に敵対した自らの過去の非をも自己切開することなしには為しえなかったからであると思われる。つまり、春日（庄）派、志賀派その他の御身大事の態度が、宮顕党中央の暴虐に抗し得なかった要因ではなかったかと思われる。

【政防法闘争】

5月頃、政治的暴力行為防止法案（政防法）が国会に上程された。右翼テロを口実として、暴力行為を取り締まる名目で団体規制を強化しようとするものだった。日共系全自連は、非常事態宣言を発し5・31統一行動を設定し、東大教養をはじめ多くの大学でストライキを決行させている。遂に法案は継続審議に追い込まれ、その後廃案になった。この間、マル学同下の全学連の動きは鈍く、諸闘争に取り組むも数百名規模の結集しかできぬまま低迷していくことになった。その中にあって、6月6日、3千名が政暴法粉砕の決起大会に結集。6月15日、「6・15 1周年記念総決起集会」に3千名結集。

【春日（庄）派の離党】

7月7日、中央統制監査委員会議長春日（庄）は離党届けを出し、7月8日夜、記者団を前にして離党声明「日本共産党を離れるにあたっての声明」（「春日意見書」）を公表した。意見書は、宮顕独裁による党内民主主義の危機が縷々記されていた。これに対して、7月10日、『アカハタ』で野坂が、「春日（庄）の反党的裏切り行為について」、7月17日、「党破壊分子の新たな挑発について」で応戦した。その後、全国各級機関にわたって、「反党的行為、裏切り分子、分派主義者、党破壊の策謀、修正主義者、悪質日和見主義」等々の大々的非難攻撃キャンペーンを開始した。

これについて筆者は思う。今日、野坂がスパイであったことが明らかにされている。とするならば、この時党中央は、そういうスパイの指導の下に反党中央派の締め出しを行っていったことになる。その系譜にある現党中央不破―志位執行部は、この辺りをどう総括するつもりなのだろうか。知らぬ存ぜぬで頬被り為しえることだろうか、疑問としたい。

【全学連第17回大会、マル学同全学連の誕生】

全学連大会の時期を迎えて、マル学同と反マル学同が思惑を絡めていくことになった。7月、民青同系全自連が「7全代」を開催し、全学連大会への参加条件について、1 平等無条件参加、2 権利停止処分撤回、3 大会の民主的運営の3項目を決議した。マル学同に移行しなかったブント再建派社学同と革共同関西派と社青同は、マル学同のイデオロギー的、セクト主義的な学生運動に反発し、反マル学同で意見の一致を見て大会前夜に飯田橋のつるや旅館で対策を講じた。

これをつるや連合と云う。各派とも全学連の主導権を狙って画策したということであろう。

マル学同は、反対派を暴力的に閉め出す動きに出た。全自連に対しては、自治会費の未納を理由に全学連から完全に排除し、つるや連合に対しては代議員の数を削減したりして対応した。これについて筆者は思う。この手法は前々回、前回の全学連大会より既に見られているので、このやり方だけを見てマル学同を批判することは不当かも知れないが、こうした暴力的手法の常習癖が革共同全国委系にあることはこの後の経過によっても窺い知れることになる。

こうしたマル学同のやり方に反発して、つるや連合側は早朝より会場を占拠して対抗した。マル学同はピケを張るつるや連合に殴りかかったがらちがあかず、角材を調達して武装し襲撃した。こうして会場を奪還したが、これが学生運動上の内部抗争で初めて武器が登場した瞬間であった。この角材ゲバルト使用を指揮したのが、清水丈夫全学連書記長であったと云われている。これは清水氏のゲバルト好きのしからしめたものともみなせるし、遅れて革共同に入った清水氏が汚れ役を引き受けさせられたとも受け取れよう。この乱闘は2日間にわたって行われ、最終的にはマル学同以外は大会をボイコットし、それぞれが大会を開くことになった。

全学連第17回大会はこうした状況の中で開催され、マル学同派の単独開催となった。反対派を暴力的に閉め出した体制下で、議案を採決するというまさにマル学同の私物化された大会となった。大会はブント出身の北小路敏を委員長に選出し、全学連規約を改正して、全学連の活動目的に前衛党の建設を学生運動の基本任務とする「反帝反スタ」路線を公然と打ち出した。

つるや連合は、7月9日夜、代議員123名の連名で「我々の退場により大会は流会したので、民主的な大会の続行を要求する」旨決議した。全自連は7月10日、教育大へ結集した。ところがこの時詳細は分からないが、全自連指導部は全学連第17回大会指導部と「ボス交」の結果、全自連解散を為し、全学連再建協議会を結成したとのことである。恐らくこの時の指導部は、構造改革派系であり、全学連の統一を切に願っていた構造改革派とマル学同派に何らかの合意が成立したものと考えられる。

【日共の第8回党大会】

7月、日共の第8回党大会が開かれた。春日（庄）派を断罪した他、議案は全て全員一致で採択された。万一綱領反対者が発言しないかと恐れた中央は、大会運営の厳重な統制をはかり、大会発言者には全て事前に発言の要旨を文書で提出させ、大会幹部団の指名による発言許可制にした。これにより反対意見は姿を消し、綱領草案についても実践的検証を誓う没理論的発言か草案反対派との闘争を手柄話にするお茶坊主発言が相次いだ。

この大会で、宮顕――袴田体制が確立した。流れから見ると、志賀が完全に干され、野坂も実質上棚上げされた格好となった。これに代わって宮顕――袴田という「戦前の党の最終中央コンビ」が指導権を握った。採択決議された党の綱領は「民族独立民主革命」を戦略化させ、社会主義を目指す闘争を抑圧することになった。これにより理論活動が不燃化させられることになった。

【民青同のベルト機関化】

日共は、7月の第8回党大会後、民青同に対し党綱領によって路線修正するよう指示し、従わない同盟幹部を排除し、民青同を日共のスローガンをシュプレヒコールする自動連動装置（ベルト）に替えた。これを「ベルト理論」と云う。明らかな党による民青同の引き回しであったが、これにより民青同の党に対する盲従が一層強化されていくことになった。

【ソ連核実験の再開、マル学同の抗議闘争】

8月、ソ連は58年から停止していた核実験を再開した。日共はソ連核実験の支持声明を出した。平和擁護運動は混乱に陥った。それまで、ソ連を平和の砦としていた日本の左翼運動は、大いに当惑させられることとなった。革共同関西派は対応が割れた。革共同全国委＝マル学同は、「反帝反スタ」の立場から精力的に抗議運動を展開していくこととなった。9月1日、全学連中執、ソ連核実験に抗議声明を発表。9月4日～5日、マル学同は、全学連27中委を開き、「ソ連核実験反対・反戦インター創設・プロレタリアによる学生の獲得路線」の方針を決議した。

【構造改革派系「青学革新会議」の結成】

9月、春日（庄）派の離党・除名に、民青同盟内の指導的幹部が呼応した。全自連中央の活動家（早大、教育大、神戸大、立命館大、法政大、東大など）を中心として、「青年学生運動革新会議」(「青学革新会議」)が結成された。その背景にあったものは、「宮顕式の不当な干渉によって民青同を共産主義的青年同盟に発展させる可能性がなくなった」という認識であった。「青学革新会議」は、この認識に基づきマルクス・レーニン主義の原則に立脚する新たな青年同盟の創設を図った。

同派の特徴は、この時期日共が指導していた新たな全学連の創出を画策するのではなく、粘り強く学生運動の統一を目指していたことにあった。但し、この方針はマル学同の独善的排他性に対する認識の甘さを示しており、遂に叶えられることのない道のりとなる。青学革新会議は、この経過をさし当たりブント急進主義派と社青同との統一戦線を志向しつつ活動していくこととなった。

なお、青学革新会議グループもまたこの後、構造改革派が春日(庄)らの統一社会主義同盟と内藤派に分裂するに応じて、この動きに連動していくことになる。春日派は翌62年5月、社会主義学生戦線(フロント・東大教養、神戸大等)、内藤派の系統として63年8月、日本共産青年同盟(共青・教育大等)へと続く。

【マル学同が「反帝・反スタ、諸雑派解体」路線へ】

10月、全学連28中委では、「反帝・反スタ」路線を全面に押しだし、社学同残留派をブント残党派と云いなし、これら諸派を右翼分裂主義者と決めつけ、これと絶縁することを確認した。

【島が『Ｓｅｃｔ６』立ち上げに動く】

10月頃、共産主義者同盟書記局・島成郎他の連名で招集状が届けられた。10月24日、九段の雄飛寮の集会室に集まり、ブントの再結集を目指した秘密会議が開催された。席上、島が旧書記局の統一見解としてブントを再建すると述べている。

次のように不満を吐露している。「この1年半の分派活動の首謀者達は、みな小者ばかりでトレランスに欠ける。その理論に至ってはチマチマして中小企業のオヤジの床屋談義よりも程度が低いくらいだ」。

こうして、社学同の再建が始まり、12月5日、社学同全国事務局機関誌『Ｓｅｃｔ６』の立ち上げに繋がる。しかし、求心力は戻らず困難を極めることになる。社学同再建派は、社青同派、構造改革派とともに反マル学同の三派連合を形成して行く。この三派連合が火山化していくことになる。

第12章　全学連の三方向分裂固定化（6期その3　1962〜63）

【関西共産主義者同盟、社会主義学生戦線（フロント）結成】

1962年4月、京大と同志社大と大阪市大が軸となりブント関西地方委員会が、関西共産主義者同盟として結成される（同志社大学・飛鳥浩次郎議長）。

これが1965年8月の共産同統一委員会、1966年8月の第二次ブント再建、1968年8月の共産同赤軍派結成の伏線となる。

【三派連合が改憲阻止闘争で自民党本部に突入】

5月11日、ブント系再建派と社青同、構造改革派の反マル学同三派連合が、改憲阻止闘争で自民党本部に突入。50名が総裁に面会を要求し総裁室占拠、46名が逮捕される。

これについて筆者は思う。自民党本部突入は果たして是認されるべきことだろうか。この後も幾度か試みられるが、逆の場合を考えてみれば良かろう。

【日共系が東京学生平民共闘を結成】

5月、池田首相は、大学管理問題として「大学が赤の温床」になっているとして大学管理法の必要性を強調した。民青同系は、この大管法闘争に真っ先に取り組み、この過程で6月1日、全自連崩壊の後を受けて東京学生平民共闘を正式に発足させた（平民とは「安保反対・平和と民主主義を守る」の略語）。

この動きが、7月の「学生戦線統一のための全国発起人会議」開催へとなった。「安保反対・平和と民主主義を守る全国学生連絡会議」（平民学連）結成を呼び掛け、翌63年平民学連が結成されることになる。

【樺美智子追悼2周年の騒動】

6月15日、「6月15日樺美智子追悼2周年」が千代田公会堂で開かれた。学生、労働者、市民の約1千名が参加した。この時、最前列を占めたマル学同全学連700名は、社会党飛鳥田一雄の挨拶をやじり倒し、社学同の佐竹都委員長の挨拶には壇上での殴りあいを演じ、清水幾太郎の講演もほとんど聞き取れない有様となった。これを「暴挙」とする樺俊雄夫妻・吉本隆明・清水幾太郎氏らは批判声明を発表し、概要「マル学同の狂信者たちが全学連の名を僭称しつづけることを許すべきでない」と厳しく弾劾している。後の革マル派に連なるマル学同のらしさを象徴する出来事であり、ブント運動再建の契機ともなった。

【参議院選挙で革共同全国委の黒寛落選】

7月、第6回参議院選挙が行われた。この時、革共同全国委は、同派の代表・黒田寛一氏を「革命的議会主義」を旗印に全国区から出馬させていた。但し、得票数は2万3千265票で落選。大日本愛国党総裁の赤尾敏の12万2千532票にもはるかに及ばなかった。これについて筆者は思う。革共同全国委がその後国政選挙闘争に向かった例を知らない。少なくとも選挙闘争に向かった史実のみは遺されている。

【反マル学同三派連合の内紛】

7月、反マル学同で一致したブント再建派、社青同、構造改革派の三派が連合して「全自代」を開催した。彼らは全学連再建を呼号し続けたが、折からの大管法に取り組むのかどうかをめぐっての運動方針の食い違いが発生し最終的に暴力的な分裂に発展した。ブントは憲法公聴会阻止闘争一本槍を主張し、構造改革派が大管法闘争への取り組みを主張した。ブントが武装部隊を会場に導入して、構造改革派を叩き出した。こうして、連合したばかりの三派連合は空中分解した。

これについて筆者は思う。この動きから分かることは、ブントの組織論における致命的な欠陥性である。一体全体ブント系は、60年安保闘争総括後空中分解したまま今に至るも四分五裂をますます深め統合能力を持たない。意見、見解、指針の違いが分党化せねばならないとでも勘違いしている風があり、恐らく「お山の大将」式に星の数ほど党派を作りたいのだろう。なお、意見の相違については、ゲバルトによって決着させたいようでもある。しかし、残念ながら少数分裂化することにより、ゲバルトにおいてもマル学同に対して歯が立たなくなるという経緯を見せていくことになる。

私見によれば、キャンパス内における反対派封殺がなぜ犯罪的であるかというと、右翼や宗教運動家らの跋扈には無頓着でありつつ左翼意識の持ち主がテロられることにより、結果として左翼運動が縊死することになるからである。およそ学生内の左派系意識の持主は全体の2割もいれば良い方であり、この2割内で叩き合いをすることにより貴重な人士の輩出が制限されることに無頓着過ぎるのがケシカラナイと思う。既述したが、元々ブントは、カオス的世界観を基調にして運動の急進主義を主導的に担ってきたという経過がある。「60年安保闘争」の領導には、反対派の存在は許されるどころかそれらを前提としつつ主体的な自派の運動を創出していくことにより、圧倒的な支持を獲得してきたという自信が漲《みなぎ》っていたのではなかったのか。この前提を許容しえなくなったブントは、もはやブントではなく大衆から見放されるばかりの余命幾ばくかの道へ自ら転落していくことになったとしても致しかたなかろう。

【日共の露骨な構造改革派排除】

この年、夏の世界青年学生平和友好祭日本実行委員会で民青同の代表は、構造改革派系青学革新会議の参加を排除した。平和友好祭は、思想、信条、政党、党派のいかんに関わりなく、元々平和と友好のスローガンの下に幅広く青年を結集する友好祭運動であったが、理由がふるっている。「革新会議はファシスト団体である」と云って参加を拒否した。昨日まで一緒に「平和と民主主義」の旗印を掲げて闘っていた旧同志たちを、反代々木化したからという理由しか考えられないが、反代々木＝反共＝ファシズムというご都合主義三段論法によりファシスト視し、排除の理由とした。

これについて筆者は思う。これを「前時代的な硬直した思考図式」といって批判する者もいるが、筆者は「排除の強権論理」の現れとしてしか考えられない。この論理は日本左翼（よその国ではどうなのかが分からないのでとりあえずこう書くことにする）の宿痾《しゅくあ》と私は考えている。いずれにせよ、この平和友好祭には自民党系の青年運動も参加していたようであるから、宮顕式統制の「右にやさしく左に厳しい」反動的本質がここでも見て取れるであろう。

このことは、第8回原水禁世界大会をめぐっての社青同に対する度を超した非難攻撃にも現れている。労働組合運動にせよ青年運動にせよ組織的自主性を保障することは、党の指導原則であるべきことではあるが、日共の場合、何気ない普段の時には守られるものの一朝事ある時はかなぐり捨てられるという経過を見て取ることができる。先のカオス・ロゴス観で仕訳すると、宮顕の場合にはロゴス派の系流であり且つ統制フェチという特徴づけが相応しい。

【革共同内で黒寛派と本多派の内紛公然化】

9月、「第3回革共同全国委総会」（3全総）時点で、革共同全国委の中心人物であった黒寛とNO2の本多の間で抜き差しならない意見対立が発生した。先の大管法闘争に於いて、マル学同が三派と共同戦線闘争を組んだ四派連合を廻って是非が論争となり激化していくことになった。黒寛派の全学連委員長・根本は、四派連合結成を良しとせず、これを押し進めた本多派の書記長・小野田と対立していくこととなった。前者は後者を「大衆運動主義」と非難し、後者は前者を「セクト主義」と非難した。マル学同内部のこの対立は、翌年の革共同第三次分裂に繋がる。

【社学同全国大会が開催、味岡修を委員長に選出】

9月、社学同全国大会が開催され、味岡修が委員長に選出された。大会宣言の中で、概要「全学連の指導権を握ったマル学同は、運動の過程で問題を解決しようとせず、単なる『反帝反スタ綱領』の観念的思考に安住し、既成左翼と変わらぬ思想的根拠を持つに至り全学連運動の沈滞をもたらした」と批判した。日共については、「反米闘争を強調することによって事実上国家権力に対する有効な闘争を放棄している」と批判した。

【大学管理法闘争】

10月、中央教育審議会が大管法を答申したのを受け、日共・民青同系は、大管法闘争に大々的に取り組んでいくことを指針にした。11月17日、「大学管理制度改悪粉砕全国統一行動」を決定し、当日は東京3千名、全国7地区で集会、抗議デモを展開した。大管法闘争の盛り上がりを見て、三派連合も、更に遅れてマル学同もこの闘争に参入してくることとなった。11月30日、マル学同も含めた四派連合が形成され、約4千名の集会が持たれた。

川上徹『学生運動』は、この四派連合に対して次のように揶揄している。「民主運動の前進しているところには、『なんでも』『どこでも』介入して行き、それまでの自分たちの『論理』も『道筋』も意に介しないトロツキスト各派の無節操ぶりを示してあまりあった」。翌1963年(昭和38)1月、池田首相は大管法提出の見送りを決定する。

これについて筆者は思う。大管法闘争に取り組む姿勢の違いの背景に、民青同系といわゆるトロ系には「大学の自治」に関する観点の相違があることがこの後次第にはっきりしていくことになる。分かりやすく言えば、民青同系は学園民主化闘争を重視し、トロ系はこれを軽視するというよりは欺瞞体制とみなし権力機構一般と同じく打破の対象としていくというぐらいに真反対の立場に立つ。この後この差が次第次第に拡幅していくことになる。この問題もまた左翼運動内の未解明な理論的分野であり、相互に感情的に反発し合うだけで今日に至っているように思われる。この情緒性がたまらなく日本的と云えるように思う。

ここに真っ当な左派が登場しておれば、戦後日本の憲法秩序をプレ社会主義と規定し、これの護持と成育発展を期すべきであったであろう。これによれば、学園民主化闘争も是であり、体制変革運動も是であろう。但し、土着在地主義的な一国にして国際主義に通用するような革命を目指すべきであったであろう。どういう訳か、そういう風に捉え推進する運動体が未だに居ない。

【「歪んだ青春——全学連闘士のその後」事件】

2月、TBSラジオが録音構成「歪んだ青春——全学連闘士のその後」を放送し、安保闘争時の全学連委員長唐牛健太郎が、田中清玄（戦前の武装共産党時代の委員長であったが、獄中で転向し、その後行動右翼と活躍していた人物）から闘争資金の援助を受けていたこと、安保後には田中の経営する土建会社に勤めていることなどを暴露した。

これに日共が飛びつき、「トロツキストの正体は右翼の手先」だと、大量に録音テープを配布し、機関紙『アカハタ』で連日この問題を取り上げた。筆者なら、宮顕その人の胡散臭さを問い、是非を争うが、旧第一次ブントの面々は日共批判に太刀打ちできず、唐牛を庇う事ができなかった。これにつき「戦後学生運動補足、余話寸評」で取り上げる。

【革共同全国委が中核派と革マル派に分裂】

2月、前年62年9月の「革共同全国委3全総」時点でのNO1指導者・黒寛とNO2指導者・本多間に、「四派連合問題」を導火線とする論争、抗争が激化し、中核派と革マル派に分裂することになった。これを「革共同の第三次分裂」と云う。日本トロツキズム運動史上は、第四次分裂となる。

この抗争は次のように決着することになる。革共同全国委の政治局内部では本多派が多数を占め、「探求派」グループの木下尊悟（野島三郎）、白井朗（山村克）、飯島善太郎（広田広）、小野田猛史（北川登）、第一次ブントの田川和夫、陶山健一（岸本健一）、清水丈夫（岡田新）らが連動した。黒寛派についたのは、現在JR東労組で活動している松崎明（倉川篤）、森茂らの少数であった。黒寛派は、革共同全国委から出て新たに革共同・革命的マルクス主義派（革マル派）を結成することになった。これが革マル派の誕生である。

【革マル派全学連の誕生】

マル学同の上部指導組織の革共同全国委で、路線対立が起きたことによりマル学同内部にも対立が波及していくことになった。マル学同では逆の現象が起き、革共同全国委では少数派だった黒寛派が多数派となった。

4月、マル学同全学連第34回中執委が開かれ、統一行動を唱える6名の中執を罷免するという分裂劇が演じられた。統一行動を「野合」に過ぎぬと非難した根本派（↓革マル派）と、それに反発して「セクト主義」だと非難を投げ返した小野田派（↓中核派）に完全に分裂することになった。乱闘の末、革マル派は中核派6名の中執罷免を決定した。これによりマル学同全学連は革マル派と中核派に分裂することとなり、革マル派が正統全学連の旗を継承し続けていくことになる。革マル派は機関紙『解放』を創刊する。

7月5〜8日、全学連20回大会（委員長・根本仁）で革マル派が主導権確立、根本仁（北海道学芸大）を委員長に選出した。革マル派は中核派130名の入場を実力阻止し、6中執の罷免を承認した。中核派は全学連主流派総決起大会を開催し、革マル派単独大会を分裂行動と非難する。この時期中核派は全学連学生運動内に「浮いた状態」になった。

【中核派対革マル派の分裂考】

中核派と革マル派の対立の背景には、次のような観点の相違が介在していた。「革共同の中にも実践派と書斎━━評論派との対立があり、それが後の中核派と革マル派との対立になっていったとのこと」（『戦後史の証言ブント』古賀）である。大衆運動の進め方にも大きな観点の相違が存在していた。中核派は、大量に移入してきたブントの影響に拠ったものか元々のトップリーダー本多氏の気質としてあったものか分からないが、他党派と共闘する中で競合的に指導性を獲得していこうとして運動の盛り揚げの相乗効果を重視しようとしていた。黒寛の主体性論に基づく「他党派解体路線」は、「セクト主義、理論フェチ、日和見主義」であると批判した。

これに対し、革マル派は、中核派は黒寛理論の生命線ともいうべき主体性論を欠いた「大衆追随主義、過激主義」であると云う。例えば、この時期マル学同は他党派の集会に押し掛け攪乱する等の行動が見られたが、これは他党派は理論的に克服されるべき批判の対象であり、常に自派の質量的発展こそが正道であるとする「黒寛理論」的観点からなされているものであった。革マル派にとっては、この「他党派解体路線」は理論の原則性として革命的主体理論と不即不離の関係にあり、曲げてはならない運動上の絶対基準原則であり、共闘による「水膨れ」は邪道でしかないと云う。

運動論のこうした相違は、当然組織論についても食い違いを見せることになる。情勢分析についても観点の相違が存在していた。中核派は革マル派に対して、「危機でないと論証力説して帝国主義と戦わない日和見主義」と云い、革マル派は、中核派に対して、「主観的、信念に基づく万年危機感の煽り立て」と云う。もう一つの対立視点についても述べておく。両派とも綱領路線として「反帝・反スタ主義」を掲げ、「反帝・反スタ」の比重について同時的に達成されねばならないとはするものの、幾分か中核派は帝国主義主要打撃論＝反帝論より重視に近く、革マル派はスターリニスト主要打撃論＝反スタより重視に近いという立場の違いがあったようである。

これについて筆者は思う。先のカオス・ロゴス識別に従えば、中核派はカオス派の立場に立っており、その意味では大量移入したブントの影響がもたらしたものとも考えられる。つまり、ブントが、革共同全国委から本多派を引き連れて先祖帰りしたとみなすことができるかもしれない。実際に、中核派の以降の動きを見れば旧ブント的行動と理論を展開していくことになる。こうなると党の建設方針から労働運動戦術から何から何まで対立していくことになるのも不思議ではない。してみれば、革マル派の方が革共同の正統の流れを引き継いでおり、この間のブントの移入と中核派としての分離の過程は、肌触りの違う者が結局出ていったということになるようである。

【民青同系が平民学連を結成】

7月、民青同系全学連の先駆的形態として、「安保反対・平和と民主主義を守る全国学生自治会連合」（「平民学連」）が結成され第1回大会が開催された。委員長に川上徹を選出した。この大会には、72大学、121自治会、230名の代議員が参加し、傍聴者3千500名を超えた。平民学連は、自治会に関する次のような規約遵守基準を明確にしていた。

1　自治会は学生のあらゆる民主的要求を汲み上げ実現すること、自治会はみんなのもの、みんなの利益を守るもの、という観点の明確化。2　民主勢力との統一強化。安保共闘会議に結集し、人民の利益の中でこそ学生の利益が守られることを明確にすること。3　国際学連と共に反帝平和の国際統一戦線としての一翼として、全世界学生との連帯強化。4　自治会の民主的運営を徹底的に保障すること。この立場を貫くためには、学生の分裂を主な目的にした分裂主義者の正体を素速く見抜き、これを追放する闘いが必要である。

これについて筆者は思う。筆者は、この主張における1項の「自治会の民主的運営の徹底的保障」を支持する。但し、この項目が4項の「分裂主義者の正体を素速く見抜き、これを追放する闘いが必要」と結びつけられることに同意しない。この主張はセクト的な立場の表明であり、この文章が接続されることにより「自治会の民主的運営の保障」はマヌーバーに転化せしめられており、これもまた裏からのセクト的対応でしかないと窺う。してみれば、「組織の民主的運営と執行部権限理論」の解明は、今なお重大な課題として突きつけられていると思われる。この部分の解明がなしえたら左派運動は、一気に華開いていくことができるかもしれないとも思う。

【第9回原水爆禁止世界大会で社共対立が決定的に】

8月、第9回原水爆禁止世界大会が開催され、「いかなる国の核実験にも反対」かどうかを廻って紛糾した。社会党・総評系は、「いかなる国の核実験にも反対こそ原水禁運動の原点であり根幹」とし、日共は、「アメリカの核は強盗の武器だが、社会主義国の核は防衛の武器だ」との観点から、「いかなる国の核実験にも反対に反対」している。この対立が融和せず、原水禁運動が分裂することになった。

原水禁運動の分裂は、日共のその後の中国路線の強化と合わせて、日本母親大会や安保共闘会議にも重大な影響を与えていくことになった。

【清水谷乱闘事件】

9月、清水谷乱闘事件が発生している。清水谷公園で、連合四派（中核派・社学同・社青同・構造改革派）が全都総決起集会で250名を結集しているところへ、革マル派150名が押しかけ演壇占拠、角材で渡り合う乱闘事態となった。のち両派相前後して日比谷公園までデモ。革マル派の他党派への暴力的殴りこみは、これを嚆矢とするのではなかろうか。

第13章　新三派連合結成・民青同系全学連の登場（6期その4　1964）

【東京社学同がマル戦派とML派に分裂】

2月、ブント再建派が、少数派（マルクス主義戦線派＝マル戦派・独立社学同）と多数派（マルクス・レーニン主義派＝ML派）に分裂した。これによりマル戦派、ML派、独立派、関西派に分裂し勢力を急速に衰えさせていった。

【新三派（社学同、社青同、中核派）連合結成】

3月、全学連の全的統一を目指した構造改革派が抜け落ち、ブント独立社学同、社青同、中核派が全国学生自治会代表者会議を開催し、新三派連合が確立された。全学連再建問題を討議、韓国学生の日韓会談反対闘争支持アピールを採択した。

こうして、学生運動内部にはマル学同、民青同、新三派連合系という三大潮流が生まれることになった。

【日共の奇妙な4・17スト対応】

4月、「4・17ゼネスト」を廻って、日共が犯罪的立ち回りをしている。総評・公労協が、1947年の「2・1ゼネスト」に匹敵またはこれを上回る戦後空前のストを仕掛けんとしていた時、日共が、概要「4・17半日スト方針を憂慮する。総決起は危険でありその方針を再検討せよ」と公然とスト反対を打ち出した。ゼネストに向けて態勢の準備と確立に余念がなかった総評・公労協の活動家は憤激し、日共の態度を「労働者の気持ちを無視したやり方」と非難したが、日共は次々と同様指示を飛ばし続け、次第に労働戦線は大いに混乱し、遂に4・17ストは挫折させられることとなった。

こうして、「日共のスト破り」が歴史に刻印された。4・17スト不発後、責任問題が発生することになった。日共の最高幹部がどう対応したか。宮顕と袴田はこの時中国にいたが、「志賀問題」が発生したこともあり急遽帰国し、幹部会を開いた。この総会で、党として「4・17スト」反対への誤りを認め自己批判した。こうして、「あれは党の意志ではなかった。一部幹部の暴走によるもの」と「主要幹部不在中の誤り」として公労協に詫びを入れ一件落着にしている。

【志賀派が造反】

5月、日共党内に「4・17スト問題」に続いて「部分核停条約を廻る志賀派の造反事件」が発生した。これにより、春日（庄）派に続き志賀派が放逐されることになる。日共党中央は、論文「修正主義者のいきつくところ――志賀らの論拠に反論する」を『アカハタ』に発表した。この経過を通じて志賀グループが除名されていった。

【初めての内ゲバ・早大「7・2事件」】

7月、翌日に予定された憲法調査会の答申に対する反対デモの計画を練るため早大構内に集まっていた革マル派約80名に対して、中核派、独立社学同、社青同、構改派（フロント）各派の連合勢力約100名が、ヘルメットに身を固め、棍棒と石をもって夜襲の殴りこみをかけ3時間の激闘が展開された。これを「7・2事件」と云う。早稲田大学第1文学部の自治会権力をめぐる争いが原因となっていた。

奥浩平氏の『青春の墓標』で次のように明らかにされている。

概要「これまで日本の戦闘的学生運動にしるした早大1文の意味は計り知れないほど大きかった。安保闘争をはじめ大管法闘争においても早大1文は1千単位の動員を勝ち取ってきた。だがY派（革マル派のこと）が自治会執行部を占拠するや、1文は一挙に凋落して今日の姿になった。クラス討論は行われず、他党派の看板はブチ壊され、ビラ入れは暴力的に妨害された。

この状況の中で自治会自治委員選挙が行われ、フロント（構造改革派）の諸君が、1文の学生委員を圧倒的に固めた。フロント40～50名、M戦（社学同）15名、Y派（革マル派）15～25名という内訳となった。形成不利と見た革マル派は、委員総会を正当な委員だけで開かねばならないという口実で自派だけで開いて切り抜けようとしていた。フロントは各派に支援を要請し、中核派その他がこの要請に応じ、1文自治会再建を目指してオルグ団を派遣した。しかし、革マル派はこれら活動家に対する公然テロを開始した。7・2日夜、中核派、社学同、社青同、構改派（フロント）各派の連合勢力が徹底的自己批判を迫ることを決意し乗り込んだ」。

【日ソ共産党間の論争始まる】

7月、日ソ共産党間に論争が始まった。7月18日、ソ共が日共あて2書簡を公表、日共もソ連宛書簡を公表し公然化した、この時、日共は由々しき詭弁論法を駆使しているので確認しておく。次のように述べている。

「なお、あなたがたは、あなたがたが既に一方的に公表したこの書簡の中で、マッカーサーの弾圧――党中央委員会に対する公職追放令によって、我が党中央が非合法下に置かれた時期の両党関係をめぐる諸問題に触れています。これは、今回の会談の内容を公表しないという両党代表団の取り決めを全く無視しているだけでなく、兄弟党が非合法下ないし半非合法下に置かれた時間の非公然の問題を、反動権力の前で無警戒に論じないという、兄弟党間の信義と国際共産主義運動の当然の準則を全く踏みにじるやり方です。我々は、あなたがたがこの問題について述べている内容に同意するものではありませんが、この公開される書簡で、この時期のこれらの問題を更に立ち入って論及することは妥当でないので、ここではあえて回答する必要を認めません」

これについて筆者は思う。この論法が如何に詭弁であるかを指摘したい。切開すべき理論的諸課題を非合法下の諸問題にすりかえている事がうさんくさい。会談の内容が、このたびの論争時期のように対象とされる事象の発生後十余年を経過して、なお秘密にされねばならない党的利益は何もない。ある時期の内部文書が一定期間後公表されていくことは、人民大衆運動の利益に合致する。「反動権力の前で無警戒に論じない」という論理も曲者である。ならば、公党間のテーブル交渉として行い、その議論の成果を公表するのかというとそうでもない。

「今回の会談の内容を公表しないという両党代表団の取り決め」とあるように、あくまで秘密主義で機密事項として置いておこうとしている。「殊更に秘密めかして自己保身をはかるのは、官僚組織の通弊」（高知聡『日本共産党粛清史』）であり、ここにもご都合主義が垣間見えている。

【「民学同」の誕生】

9月、日共内の志賀派の飛び出しを受け、大阪大中心の活動家が民青同系から離脱し、民主主義学生同盟（「民学同」）を結成した。

「民学同」は、翌1964年7月、志賀系「日本の声」派と合流する。同派はその後、共産主義労働者党系と「日本の声」派とに分岐し、10月、フロントと共に全国自治会共闘を結成し、構造改革派系新左翼連合戦線を形成する。

【東京オリンピック開催】

10月1日、東京オリンピックにあわせて、東京、大阪間を3時間10分でむすぶ最高時速200キロの東海道新幹線が開通した。翌1965年には名神高速道路が開通する。10月10日、第18回オリンピック東京大会が開幕した。アジア初で、94カ国7千余人の選手・役員が参加した。開会式のテレビ視聴率は85％にのぼった。

オリンピックで日本は堂々とした戦後復興ぶりを世界に示した。日本は金16、銀5、銅8という成績を見せた。「東洋の魔女」と呼ばれた日本女子バレーチームの活躍に日本中が沸いた。この年の日本の実質経済成長率は12・5％で、戦後日本の復興を象徴する国家的イベントとなった。

【民青同系平民学連が全自代開催】

10月、民青同系平民学連が全自代開催。正式参加自治会150、オブザーバー自治会35の代表、その他個人オブザーバー35名が参加した。全学連再建のための基準提案が決議された。

1 過去のいきさつに関わらず、2 無条件で、3 全ての学生自治会が参加でき、4 全学連規約に従って、再建大会を開催しよう。

提案は、賛成128、反対14、保留4で可決された。この時の反対派の様子が明らかにされていないが、構造改革派とこの頃誕生していた志賀グループの「日本の声――民学同」派の影響下の学生グループであったようである。彼らは、民青同系全学連を新たに創る方向に向かうのではなく、諸潮流との統一を主張し、急進主義派を含めた統一を模索するべきであり、その根回しのないままの全学連再建は時期尚早であるという全学連再建時期尚早論を主張したようである。川上徹著『学生運動』では、「それは惨めな失敗に終わった」とある。

【日共第9回党大会、民青同系全学連創設指示】

11月、日共第9回大会が開かれ、宮顕独裁体制を確立した。蔵原が「志賀、鈴木、神山、中野の処分承認についての提案」を行い、大会1日目に全員一致で除名決議を採択した。ソ連共産党の大国主義と現代修正主義批判、教条主義批判を新たに押しだし、自主独立論を親中共路線上に名目的に確立した。

この大会で、民青同系学生運動に対し次のような指針を与えている。「共産党と民青同盟は、学生運動それ自体の発展のために闘いつつ、学生の多面的な要求に基づく闘いを先頭に立って進め、さらに学生が将来も民主的、進歩的インテリゲンチャとして成長していけるように、長期的観点に立った指導を学生党員、同盟員に対して行った。また、1960年、61年のトロツキスト、修正主義者との闘いの教訓に学んで、労働者規律と理論学習を強めていった」。

【佐藤政権の登場】

12月、池田首相の引退表明を受け佐藤栄作が、第5代自民党総裁に選出され、首相指名を受けて第一次佐藤内閣が発足する。佐藤内閣は、日韓国交正常化、沖縄返還を政策の基軸に据え、「経済開発とバランスのとれた社会開発」を掲げた。このあと、佐藤内閣は、在任期間7年8ヶ月という最長記録をつくる。

【民青同系全学連の誕生】

12月、民青同系全学連が「再建」された。全自連→全学連再建準備協議→構造改革派の分離→平民学連→全学連の「再建」という流れで辿り着いた。この夜、平民学連は第7回全国代表者会議を開き解散を決議した。こうして、革マル派全学連に続いて二つめの全学連が出現することとなった。民青同全学連は順調に発展し、66年7月には全国の大学自治会の過半数（84大学189自治会）を結集した。68年2月には国際学連の代表権を革マル派全学連から奪い取ることになる。

川上徹氏の『学生運動』は、この流れを次のように自画自賛している。「(この民主的学生運動こそ）戦前、戦後の進歩的、民主的学生運動の伝統を引き継ぐものであり、現代の学生運動の真の代表であり、かつ、祖国の独立と平和、民主主義を望む幾百千万の勤労人民の良き息子であり、娘である」。

【新三派連合による都学連再建の動き】

12月、新三派連合が中心になって、東京都学生自治会連合（「都学連」）再建準備大会を明大で開催した。都学連は、1949年（昭和24）9月に結成され、学生運動を推進する上で大きな役割を果たしてきていたが、全学連の分裂と共に都学連も分裂していた。学生運動の主導権を握るために都学連の再建が課題となりつつあった。65年7月に都学連再建に向けての準備委員会（議長・山本浩司）を発足させた。京都府学連がこれに提携し全学連再建の動きが加速した。これに反対する革マル派が、2日目の途中から退場し、構造改革派は代表を送らなかった。

この時の再建派の心情が次のように語られている。

「いわゆる『安保後』といわれた分裂と危機の時代から、統一と発展に抜け出る過程に我々は居る。その過程では、安保全学連を乗り越えるための闘いで、いくつかの異なった立脚点が提起されている。それが一つになり、全学連運動を支えるまでには、あと何年かの年月が必要であろう。だが、そのことは全学連もまたその時まで再建しなくても良い、とか、出来ない、という考え方を何ら意味しないであろう。全学連は一つの溶鉱炉である。異なった見解も、全学連としての闘いをいかに押し進めていくのか、についての論理と、現実の闘いそのものを進めていく中で、止揚しなければならないのだ。現実の階級闘争の要請に応えることなくして、いかなる論理も実りあるものとはいえない」

第14章　全学連の転回点到来（7期その1　1965〜66）

【慶応大学での授業料値上げ反対闘争】

1965年（昭和40）1月、慶応大学で授業料値上げ反対闘争が勃発した。一挙に3倍近い学費値上げが、慶応大生を立ち上がらせることになった。1月30日、「初の」全学無期限スト突入。2月5日終結したがこれが学費闘争の先駆けとなった。この経過には高村塾長の「現在の学生に対する値上げではない。お前達には関係無い」という論理での強権的な姿勢が憤激を促した。

【米国のベトナム北爆開始】

1964年8月、「トンキン湾事件」（ベトナム魚雷艇による米艦船攻撃事件）が発生した（71年6月、この北ベトナムの再攻撃は、でっち上げとの米国防総省の秘密文書が暴露された）。ジョンソン大統領は、これを口実に大規模な公然軍事介入に踏み切った。1965年2月、米国がベトナム北爆開始。3月、米軍がダナンに上陸して地上戦に介入、全学連各派と反戦青年委共同による反戦闘争が激化した。北爆抗議、米原潜エンプラの横須賀寄港阻止が焦点となる。

【社青同解放派が結成される】

3月、社青同解放派が結成される。この頃、社青同学生班協議会は東大、早大を中心に組織を拡大していく中で中央（協会派）と対立し始め、この内部抗争の結果、日韓闘争の中で急進主義運動が分派化し、社青同解放派が結成されるという経過となった。解放派はその後、政治団体として革命的労働者協会（革労協）を結成し、傘下の学生組織として反帝学評を作ることになる。

【ベ平連発足】

4月、ベ平連（ベトナムに平和を！　市民文化団体連合）が初のデモ行進。発起人は、小田実・開高健・掘田善衛・高橋和己・篠田正浩など。事務局長・吉川勇一氏。この頃からセクトの枠にとらわれない、一般市民参加型の反戦運動が立ちあがっていくことになった。

これについて筆者は思う。このベ平連運動は、今日から見て貴重なメッセージを発信していることが分かる。一つは、ベ平連が闘争課題を「ベトナムに平和を！」と明確にしたことにより、その後のベトナム反戦闘争の巨大なうねりを創出させる発信元となったというプロパガンダ性である。一つは、「セクトの枠にとらわれない」という運動論を創出したことである。但し、この時点では、セクトが漸くセクト化を獲得しつつ成長していくという「正成長」の時期であったのでさほど評価されることなく経緯していくことになった。但し、共同戦線論に立脚していたという意味で、意義のある知見を提起していたと思われる。ベトナム戦争が終結すると共にベ平連も終息していくことになったのが惜しいと思う。

結局、もう一つの側面であった先進国特有の一般市民参加型運動の限界ということになるのであろう。しかし、それならそれで今からでも改良の余地は大いにあると私は考えている。

【日韓条約調印阻止闘争】

4～6月、こうしたベ平連運動創出の頃、社会党・総評系、日共が日韓闘争を絡めた統一行動を組織し始め、60年安保闘争以来の大衆運動が動き出していくこととなった。全学連各派も取り組みを強めていくことになった。中でも新三派系の動員力が強まり、常時3千名規模の抗議デモを獲得していくことになった。これまで数年間、数百名規模で推移していたことを考えれば様変わりとなった。6月22日、日韓会談が妥結し、日韓基本条約に調印する。賠償請求権については、無償3億ドル、有償2億ドルの政府借款と民間借款3億ドル以上の供与、竹島の領有権問題は棚上げ、という内容であった。

日韓関係が正常化されたが、国内の野党勢力はこぞって反対し、社共は「議員総辞職を賭けて闘う」との強硬姿勢を打ち出したため国会審議は難航を極めた。「日韓国交正常化は、アメリカ帝国主義のお先棒を担ぐもので、中国や北朝鮮を敵視するものだ」がその反対趣旨であった。結局、自民党は衆院本会議で強行採決した。この日、民青同系は6千名結集し、集会と外務省・米大使館にデモを行った。新三派系も日韓条約本調印阻止闘争、決起集会（芝公園）に2千500

名結集、首相官邸に向かうも機動隊に阻止され激しい投石で抵抗、17名逮捕。昼夜8千が抗議デモとある（革マル派系も当然取り組んでいる筈であるが手元に資料が無いので割愛する）。

【民青系が都学連結成大会開催】

7月、民青同系都学連結成大会が開かれ、22大学39自治会の代議員と400名の傍聴者が参加。委員長に沢井洋紀（東大・文）、副委員長に田熊和貴（東経大）と植田稔（早大・1法）、書記長に金子博（東大・教）を選出した。

【反戦青年委員会考】

8月、反戦青年委員会が結成された。この頃ベトナム戦争が政治課題として急速に浮上し始めていた。この状況の中で、社会党青少年局、総評青年対策部、社青同の三者の呼びかけによって、社会党系の青年労働者組織として、「ベトナム戦争反対、日韓条約批准阻止の為の、この闘争目標に賛成する全ての青年学生組織に解放された青年の自主的共闘組織」として反戦青年委員会が結成された。反戦青年委員会には、日共系を除くあらゆる左翼集団77の団体・個人が参加していくことになった。7月に結成されたばかりの新三派系都学連も加入した。

60年代の青年左翼運動は、ほとんど学生運動に限られていたが、反戦青年委員会が結成されると急速に労働者の間に浸透していった。反戦青年委員会はその後、次第に地区、職場、学校等に結成され組織も拡大していき、それと同時に急進主義化し始め、社会党及び日共を「議会主義カンパニア派」と罵倒するに至り、「これらとの熾烈な党派闘争とそれを貫徹する独自部隊の結集が革命的左翼の任務である」とし、社会党・総評の統制が及ばないことになった。

これを川上徹氏の『学生運動』は、次のように記している。概要「反戦青年委員会は、新左翼が組織拡大の場として『わたりに舟』で食い入ったものであり、社会党が『ひさしを貸して母屋を取られる』ことになった。反戦青年委員会の結成は、こうしてトロッキストの息を吹き返させたという点でも、日本の青年学生運動、民主運動の統一の発展のためにとっても、重大な禍根を残すことになった」。

これについて筆者は思う。果たしてそのように受けとめるべきであろうか。筆者には、こういう評し方こそセクト的なそれであると思われる。むしろ、この当時盛り上がりつつあった青年運動に着目して、学生のみならず青年労働者の社会的意識を培養する観点から「公党としての歴史的責任」を社会党が果たしたのであり、日共及び民青同は、新しい時代の激動期を迎えつつあった際に何らの指導性を発揮しようとしなかったばかりか、社会党系が組織した反戦青年委員会運動にセクト的に敵対さえしていったというのが史実であり、これこそ反省すべきではなかろうか。

なるほど反戦青年委員会は、その後の運動の盛り上がりの中で各セクトのオルグや加入などで自立性を失い、新左翼系セクトごとの勢力に分裂し、「全国反戦」はセクトが指導する「地区反戦」へと変貌していくことになった。しかし、だから反戦青年委員会の結成を、「重大な禍根を残すことになった」と総括するというのは反動的ではなかろうか。筆者には、「愛されるべき社会党」の真骨頂が垣間見えるように思われる。反戦青年委員会は、青年労働者の中への影響という「事業」を進め、これに一定の成果を得た点で左翼運動の史実に重要な貢献をしていることが注目されて良いように思われる。ここまで整理して分かることは、社会党は右派・左派ごった煮の中で意外と歴史的な役割を果たしてきているということが改めて知らされるということである。

【日韓闘争】

10月、臨時国会開会冒頭、「日韓条約批准反対総決起集会」が開かれ、民青同系1万人の学生が参加した。新三派系の労・学3千名は、昼夜デモを仕掛け、以降次第に数を増していき1～2万名規模の闘争へと発展していく。この頃から機動隊のデモ規制が厳しくなり、デモ隊の両側をサンドイッチでジュラルミン盾を手に並進していくことになった。

11月9日、日韓条約強行採決の暴挙に抗議して、日韓闘争で初めて社共共催の1日共闘方式が実施される。全国329カ所で23万人を動員する。都内で18万人の大集会とデモ、民青同系1万5千名が結集し、新三派系も連日万余の数で国会デモを展開した。

【早大で「学館闘争」が再燃化】

11月、この頃から早大で、学生会館の管理権問題にまつわる学館闘争が再燃化していた。この頃早大では、革マル派、社青同解放派、民青同派の三派鼎立時代を迎えていた。革マル派が1

文・2文を、民青同系が教育・1法を、その他は社青同を中心とした三派系が自治会執行部を掌握していた。各自治会と文化団体連合会・サークル協議会・生協・早稲田祭実行委などによって「学館共闘」が結成された。議長には大口昭彦（第1政経・社青同解放派）が就任した。

11月30日、本部前抗議集会がもたれ、本格的な闘争が開始されていくことになった。これより先、同志社大でも学館闘争が勃発していたが、大学当局の譲歩により妥結していた。が、早大大浜学長以下の理事会当局側は、強圧的でこじらせていくことになった。12月になると団交決裂→座り込み→機動隊導入へと発展していった。冬休みを前にした12月20日、学費の大幅値上げが決定され、大浜学長は、記者会見の席上「授業料の値上げは新入生からであり、諸君とは関係無い」、「学生諸君全員が反対しても、授業料は値上げする」と声明した。早大当局の発表した値上げ案は大幅なものであり、入学金、施設費、授業料等で平均50%を超えていた。

翌66年早々から早大は、紛争のるつぼになっていく。

【横浜国大闘争】

1966年（昭和41）1月〜3月にかけて横浜国大で、学芸学部の学部名変更に反対する紛争がおこり、学生がキャンパスを封鎖、教職員を排除して、学生の自主管理を約1ヶ月余にわたって強行した。この自主管理下のキャンパスでは、学生自治会が編成した自主カリキュラムによる学習が進められるという画期的なものとなった。

【早大で学費値上げ反対闘争始まる】

1月、早大で、「学生会館の問題」に続いて学費値上げ反対闘争が始まった。この背景は次のように考えられる。自民党政府の教育行政政策は、この時期増大し続けるベビーブーマーの大学生化に対して何ら有効な受け入れ対策をなしえず、私学へ追いやってきた。私学経営者は、「大量入学→マスプロ教育→設備投資→借入金増→学費値上げ→大量入学」という悪循環に陥っていくことになった。自民党政府による教育費の切りつめという反動的な大学政策の一方で、財政投融資、軍事費にはどんどんと国家予算を投入していた。これらの動きにどのように対応していくのかが早大闘争の課題であった。

広谷俊二氏の『現代日本の学生運動』は次のように記している。「『庶民の大学』という伝統に強い愛着を感じている学生たちは、値上げによって授業料、入学金などが慶応大学以上に高くなることに憤激し、また、このような大幅な値上げが、学生はもちろん、教授会にすらはかられることなく強行されたことに憤激して、全学をあげて、ストライキに立ち上がった。3万を超える学生が団結して闘い、多くの学生は、これまでにかつてない積極性、創意性を発揮して闘争に参加した……この闘争は早稲田を揺るがした150日（足掛け7ヶ月）」として刻印されている。

【早大闘争に対する各派の理論】

この時の各派の理論を確認しておく。民青同系は、1　教育機会均等の破壊、2　大学運営の非民主的やり方、教授会及び学生自治会の自治権に対する侵害、3　一部理事による闘争弾圧の為の機動隊導入及び国家権力の介入等を批判した。併せて、4　ひものつかない国庫補助の大幅増額等を要求する学園民主化闘争を指針させていた。現実的な対応をしていることが判明する。

社青同解放派は、資本と労働の対立という観点からの大学＝教育工場論に基づき、闘争を教育工場を経営する個別権力資本＝早大当局と個別労働＝学生の闘いであり、教授一般は労働下士官と捉えた。この「個別資本からの解放」、「産学協同路線粉砕」という理論は、その後学園闘争に対するストライキ、バリケード、武装、コンミューンの樹立へと発展する理論的基礎となった。マルクス主義の生硬な適用で対応していることが判明する。

革マル派は、国家政策としての大学管理化とこれに呼応する大学当局の産学協同政策に対する闘いとして位置付け、「学問を独占的な産業に従属させ、創造的で自由な、権力に抵抗するような学問を封じ込める結果になる」という立場から批判していた。民青同よりは左、社青同よりは右の立場から対応していることが判明する。

この後明大闘争を担うことになったブントは、この時の早大闘争を次のように総括した。概要「各クラスにおける闘争組織という各自治会学年別連絡協議会方式が指揮系統を混乱させ、ひいては全学共闘の機能をマヒさせた。従って、まさしくあらゆる闘争において、まず第一に要求されるものは、（自治会ではなく）強固な中央集権的な組織の存在である」。

この理論はやがて「ポツダム自治会破産論」を導き出していくことになる。こうした諸理論の発展が、後の全共闘運動とその大学解体論の下地をつくっていくことになった。

【東大闘争始まる】

1月、東大医学部自治会、インターン配置問題をめぐって卒業試験ボイコット闘争。これが後の東大全学部を巻き込んだ東大紛争→東大闘争に発展していくことになった。『全共闘グラフティー』は次のように記している。

「東大闘争は医学部における青年医師連合の基本的権利を守る闘いと、医療部門における人民収奪の強化、及び医学部における研究教育体制の合理化──帝国主義的改編への闘いを発端として火の手を挙げた。そして独立資本との産学協同を推進する『国立大学協会自主規制路線』のもとに、この闘いを圧殺しようとした東大当局に対する叛乱として展開される」

【三里塚闘争始まる】

7月、政府が突然、新東京国際空港の建設地を千葉県成田市三里塚と隣接する芝山町に閣議決定する。当初1965年11月に富里に内定していたが、地元住民の反対にあい変更された。三里塚の住民には、事前に何の打診、説明、協議も無いままの発表となった。

閣議決定と同時に、地元の約千戸3千名の農民・住民によって、「三里塚・芝山連合空港反対同盟」（委員長・戸村一作）が結成された。これが後に成田闘争へと繋がることになる。

【中国で文化大革命勃発】

この頃、中共は文化大革命路線を発動している。中共は「アメリカ帝国主義・ソ連社会帝国主義・日本の反動勢力・宮本修正主義集団を打倒せよ」という「四つの敵論」を唱え始め、日中共産党は長年の友好関係から不倶戴天の仇敵関係となった。これに伴い日共内の親中派が呼応した。

まず、中央委員の西沢隆二(ぬやまひろし、故徳田球一書記長の女婿)が、『毛沢東思想』を創刊して宮顕指導部批判に乗り出していくことになった。この頃、原田長司(中央機関紙編集委員)、福田正義らが、「日本共産党山口県委員会(日共山口左派)」を結成、機関紙『長周新聞』を創刊し、全国の親中国系党員に対して同派への結集を呼びかけた。

【第二次ブント再建】

9月、既に昨年4月関西派は、「マル戦派」と「ML派」の一部を結合して「社学同全国委員会」(社学同統一派)を結成していたが、更にこのたび「社学同統一派」と「マル戦派(マルクス主義戦線派)」の残存部分との合同がなって、「第6回共産同再建全国大会」(ブント再建大会)を開催するに至った。ここに、ブントは6年ぶりに組織統一をみるに至った。これが、「第二次ブント」と云われるものである。

【紀元節復活公聴会阻止闘争】

10月、全学連各派が、東京・大阪・広島・札幌で紀元節復活公聴会阻止闘争に取り組む。広島大生ら300名が会場の広島婦人会館にデモ、一部が会場内突入し4名逮捕される。大阪府学連60名が、会場の府庁内にデモ、坐り込みで1名逮捕される。

これについて筆者は思う。この時の日本左派運動の阻止論理はどのように組み立てられていたのだろうか。日共式の歴史観とは違う紀元節阻止論を生み出し、闘争する必要があったと思われるが、案外理論は同じで穏和主義の日共式に対する過激主義の新左翼という程度の闘いではなかったかと思う。この没理論性がその後も今も続いているように思われる。

【日共第10回党大会】

10月、日共は、第10回党大会を開く。大会は、親中派を排除し自主独立路線の基本方向を確認し、「30万人に近い党員と、百数十万の機関紙読者を持つ、党の歴史の上で、最大の勢力となることができました」と勝利宣言した。この大会で、それまでの中央統制監査委員会を中央監査委員会と中央統制委員会に2分割し、中央監査委員会はこれを大会選出、中央統制委員会は、これを中央委員会の任命とした。従来大会選出であった統制委員会委員の選出が、中央委員会の任命制と規約改定された。宮顕派の党の私物化体制への道を更に切り開いたことになる。宮顕――袴田体制の継続となった。

日共は、大会を前後して親中派の除名処分を行った。この波紋は、日中友好団体、商社などにまで及んだ。こうして、構造改革系の春日（庄）派、親ソ系の志賀派、神山派に続いて親中派諸派が放逐されることになった。結果的に、「50年分裂」時代の旧国際派のうち宮顕派のみが勝ち残ることになり、宮顕独裁体制が完了した。以降、日共内に語るに足りる路線対立は発生せず、宮顕派内の茶坊主間の内紛のみが椿事として勃発していくことになる。

【明大、中大闘争などで大学紛争始まる】

11月、明大闘争が始まり、ストライキに突入した。11月23日、明治大学で学費値上げ反対闘争による和泉校舎のバリケード封鎖。11月30日、明大全学闘争委員会が学費値上げ阻止の大衆団交を行い4千名結集。12月9日、中大闘争が呼応し全学スト突入。

社学同の指導によって、最終的に大学側に白紙撤回の要求を認めさせるという勝利を飾った。その他にも、関西学院大や西南学院大では、学部新設反対の闘争が起こり、また各医大ではインターン制反対闘争が続いており、東京医歯大がストに突入した。

【全学連（三派）再建大会開催】

12月、既に三派都学連を結成していた新三派連合（社青同解放派・社学同・中核派）は、明治大学で全学連再建大会を開き、この頃ML派なども合流させた上で三派系全学連を結成した。

これで三つめの全学連の誕生となった。35大学71自治会1７8代議員他1千8００名。この時、党派はそれぞれの色のヘルメットを着用した。学生運動でヘルメットが着用された最初となった。

この「全学連再建大会」は、結成されたものの呉越同舟的な寄り合い所帯の諸問題をはらんでいた。まず、再建大会を第何回大会として位置付けるかをめぐって対立したことにより明示できなかった。何時の時点で破産したかの認識が異なっていたからであった。なお、60年安保闘争の総括が蒸し返され見解が一致しなかった。こうした対立を乗り越えて、総括を中核派の秋山勝行が、情勢分析を社青同の高橋幸吉が、行動方針を社学同の斎藤克彦という分担制で妥協しつつ何とか「三派系全学連」の結成に漕ぎ着けるという多難な出航となった。

人事にも各派のバランスが図られ、委員長にはブントの斉藤、書記長には中核派の秋山、副委員長社青同解放派の高橋、社学同の蒲池が選出された。

この時の議案書は次のように宣言していた。概要「全学連とは、結成されてより今日まで、どのような紆余曲折があれ、それは日本の闘う学生・人民の砦であった。日本労働者階級、全ての人民の闘いに全学連の旗が立たなかったことはない。50年のレッド・パージ阻止闘争を見よ！56年の砂川を！　60年の安保を！　全学連の闘いは、常に、日本労働者階級と共にあり、その先頭に立った。我々再建全学連は、その輝かしい闘いの歴史に恥じず、今まで以上にその闘いの方向に向かって、怒濤の如く驀進して行くだろう」(『新左翼20年史』67頁)。

こうして、全学連は、革マル派、民青同、新三派系の三つの全学連が誕生した。そのうち、三派系全学連が最も行動的な全学連として台頭し始め、ベトナム反戦闘争に向かうことになった。

【1966年、自治会執行部の争奪の動きとその関連】

1966年（昭和41）年頃の各派と傘下自治会、活動家、動員力は次のようになっていた。

党派	傘下自治会	活動家	動員数
民青系	以下に記すその他の自治会		
革マル派	**30自治会。** 早大（1文・2文・1商・2法）・金沢大（教養）・鹿児島大・宮崎大・奈良女子大・法政（2部）・岐阜大・秋田大（学芸）等	1800	3500
中核派	**36自治会。** 立命大（経）・京大（医）・三重大・法政大（文・経）・山梨大・横浜国大（教養・経・教・工）・広大（教養・工）等	2000	6500
社学同	**41自治会。** 東京医歯大・京大（文・教育・農）・京都府立医大・桃山学院大・専大・小樽商大・東大（医）・中大・明大・同志社大（文・経・商工）・滋賀大（経）・和歌山大（経）・大分大（経）・徳島大・香川大（除教育）・富山大（教養）・法政大（法）・お茶の水大等	1500	4200
ML派	**4自治会**	400	1300

社青同解放派	**19自治会**。早大（1政・2政）・東女大・関大（法）関学大（法）等	900	2800
社青同協会派	長崎大（経・医）・佐賀大		
第4インター	**6自治会**	300	800
構改派フロント	**38自治会**。立命館大（法・経営・理工・文）・法大（社）・新潟大等	1000	13600
構改派共青	神戸大全学部		
民学同	阪大（除医）・大阪市大全学部・岡山大（中執）・関学（中執）		

第15章　激動の7ヶ月（7期その2　1967）

【当時の学生運動党派状況】

この当時の学生運動の流れを概括しておくと、大雑把に見て「五流派」と「その他系」に識別できる。「五流派」とは、組織の大きさ順に民青同派、中核派、革マル派、社青同、第二次ブントを云う。「その他系」とは、ベ平連系、構造改革派系諸派、毛派系諸派、日本の声派民学同系、アナキスト系諸派の他ノンセクト・ラジカル等々であり、これらが混在することになる。ここで「当時の五流派その他系」の特徴付けをしておこうと思う。

識別指標は様々な観点から可能である。第一に「日本共産党の指導下に有りや無しや」を指標とすれば、指導下にあるのが民青同のみであり、日共の党本部のある「代々木」を指標としてこれを「代々木系」とも云う。これに反発するセクトを「反代々木系」と識別することができる。主に元日共系がこの意識を強く持つ。トロツキズムは、左翼運動の歪曲として「日共スターリニズム打倒」を標榜するところから「日共」と呼び捨てにすることとなる。筆者は、宮顕下の共産党は共産党に値せずとして「日共」と識別する。

「代々木系」の民青同及び「元代々木系」の構造改革系派、民学同派は概ね非暴力革命的議会主義的な穏和主義路線を、それら以外の「反代々木系」は概ね暴力革命的街頭闘争的な急進主義路線を目指したという特徴がある。これによって「反代々木系急進主義派」は、過激派とも呼ばれることになる。

第二に、「トロツキズムの影響の有りや無しや」を指標とすれば、「代々木系」、「元代々木系」、毛派系諸派らのトロツキズムの影響を受けないセクトを「既成左翼」と云い、その影響を受けた革共同系及びブント系を「新左翼」と云いなし識別することも可能である。但し、この分け方による場合、お互いを「新・旧」とはみなさないので、既成左翼側が新左翼を評価する場合これをトロツキストと罵り、新左翼側が既成左翼を評価する場合、スターリニストと雑言する関係になる。なお、毛派系は「トロツキズム」に替わるものが「毛沢東思想」であり少々ややこしくなる。「毛イズム」は、スターリニスト的な系譜で暴力革命的急進主義路線を志向しており、既成左翼の側からは暴力革命路線でもって十把一からげでトロツキスト的に映り、新左翼側からはスターリニストには変わりがないということになる。社青同系の場合もこの範疇で括りにくい。スターリニズム――トロツキズム的なイデオロギーの濃いものを持たず、運動論的に見て穏和化路線を追求したのが社青同協会派であり、急進主義路線を選択したのが社青同解放派と識別することができる。

第三に、「本家意識の強い純血式運動路線に拘りを持つや否や」を指標とした場合には、運動の盛り上がりよりもセクト的な党派意識を優先する方が民青同、革マル派であり、その他諸セクトは闘争の盛り上げを第一義として、競り合い運動による共同戦線運動を可能にしたという違いがある。つまり民青同、革マル派は、党派的に排他的運動型であるということに共通項が認められ、これらを除いた他の諸セクトは共同戦線運動型の党派であったという識別も可能である。なお、共同戦線運動型ともなじまなかった突出型の毛派系、ブント赤軍系、アナーキスト系らも存在した。実に左翼運動もまたややこしい。

第四に、日本国憲法を主幹とする「戦後民主主義を護持しようとする意識が有りや否や」の観点を指標とする区分もできる。穏和化路線に向かう党派はこれを肯定し、急進主義路線を志向する党派はこれの欺瞞性を指摘するという傾向にある。ただし、70年代半ば以降のことではあるが、超過激派と云われる日本赤軍の一部グループは護憲傾向と民族的愛国心を運動の前提になるものとして再評価しつつある点が異色ということになる。

筆者には、これらの違いは理論の正当性の是非もさることながら、運動を担う者たちの今日的に生物分子学で明らかにされつつある或る種の気質の差が介在しているようにさえ思われる。理論をどう構築しようとも、理論そのものは善し悪しを語らない。理論の正しさを主張するのは当面、あくまで「人」であって、「人」はその人の気質性向によって好みの理論を採用する。理論の当否は、理論自身が生み出す力によって規定されるとはいえ、現象的にはそれを信奉する人の量と質によって実践的に検証される、という関係にあるのではなかろうか。

であるが故に、本来理論の創造性には自由な空気と非暴力的相互批判の通行が担保されねばならない、と考える。これは筆者の経験からも云えるが、セクト（一般に組織）には似合いの者が結集し縁無き衆生は近寄らず、近寄ったとしても離れるということが法則であり、事実あの頃の筆者は一目で相手が何系の者であるかが分かった。この体験からそういう気質論に拘るようになった。

これは政治のみならず宗教であれ、会社であれ、趣味であれ、有効な根底の認識となって今も信奉している。

【明大闘争】

１９６７年（昭和42）１月、明大学費値上げ大衆団交に１万５千名。その際、スト収束をはかろうとする全学闘書記局と闘争継続を叫ぶ闘争委員が対立するという事態が発生している。以降泥沼化し、右翼的体育会系、機動隊の乱入と闘争委側との抗争が続き、２月、大内委員長及び介添え役としての斎藤全学連委員長立会いの下で当局と妥結調印した。こうして明大闘争はボス交によって決着したが、この経過が問題とされ斎藤全学連委員長の失脚につながる。

【三派系全学連委員長に中核派の秋山勝行氏】

２月、全学連（三派系）拡大中央委〔早大〕で、斎藤克彦委員長（明大・社学同）が罷免され、秋山勝行（横浜国大・中核派）が新委員長となり新執行部を選出した。

【「善隣学生会館事件」発生】

3月、「善隣学生会館事件」が発生している。日中共産党対立の煽りを受け日中友好の砦であった善隣会館で、日中友好協会を廻り日共党員と中国人留学生が衝突、日共系が棍棒部隊を動員したため中国人留学生に負傷者が多数発生した。社学同ML派系学生らが支援闘争を展開した。

【人民日報の日共批判、日共が毛沢東批判】

3月、『人民日報』が、「日本共産党は、米日反動派、ソ連と結託した修正主義分子」、「中日友好と貿易を発展させるためには、米帝国主義、日本の反動派、ソ連現代修正主義グループ及び日共修正主義指導分子と断固として徹底的に闘わなければならない」とする主張を掲載した。

これに対し、『赤旗』が、「中共は、反米帝の国際統一戦線に反対し、日本人民の解放闘争の諸条件を分析することもなく、選挙闘争を事実上否定する大国主義、極左冒険主義、分裂主義である」と反論した。

4月、『赤旗』評論員論文「極左日和見主義者の中傷と挑発――党綱領にたいする対外盲従分子のデマを粉砕する」を発表（「4・29論文」）。公然と毛沢東指導部を批判、人民民主主義権力への過渡的形態としての「連合政府樹立論」を打ち出した。

【第7回6・15記念集会】

6月15日、「第7回6・15記念集会」が各派により開催される。ブントが電通会館に800名、中核派が九段会館に2千名、社青同解放派が両国公会堂に400名参加。ほかに社学同ML派が明大、革マル派が早大、アナーキスト系の各派が豊島振興会館に都内6カ所で6党派が独自集会、総参加者は約5千名。6月18日、『人民日報』は、次のような談話を発表している。

「樺美智子は日本の反動派に殺害されたが、彼女は今なお日本人民の心の中に生きている。それにしても憤慨に堪えないのは、一握りの日本共産党修正主義分子が、意識的に事実をねじまげて再三流言蜚語を飛ばし、恥知らずにもこの民族的英雄を『トロツキスト』であると侮辱したことである。現代修正主義者は、自ら革命をおそれる一方、他人にも許さない。彼らは、革命の原則を堅持し、敢然と革命をやる者には誰でも『トロツキスト』のレッテルを貼り付け、革命者を『反革命』に仕立てる恥知らずな腕前を持っている」

【新三派系全学連定期全国大会の開催】

7月、新三派系全学連定期全国大会。44大学（結成時35大学）85自治会（結成時71自治会）275代議員（結成時178代議員）、他に168評議員21オブザーバーの1千500名が参加。新三派系が勢力を扶植しつつあったことが分かる。主な演説を各派が分担し、運動総括は中核派の秋山委員長、情勢分析は社学同の成島忠夫、運動方針は社青同の高橋幸吉が行い、秋山委員長を再選した。副委員長は、成島（静岡大・社学同）、蒲池（同志社大・社学同）、書記長に高橋（早大・社青大）を選出した。

但し、新三派系全学連の蜜月時代はここまでであり、これ以降中核派の台頭が著しくなっていくことによってかどうか、翌68年7月、中核派は自前の全学連を創出し分岐独立することになる。同月、反中核派連合の社学同「統一派」、ML派、社青同解放派、第4インターが反帝全学連を発足させる。ところが、この反帝全学連も社学同と社青同解放派間の対立が激化し、翌69年3月、社学同側が単独で大会を開催し社学同派全学連を発足。7月には社青同解放派が、単独大会を開き、解放派全学連として独立することになる。

こうして、革マル派は革マル派全学連を、民青同は民青同系全学連を、中核派は中核派全学連を、ブント各派は社学同全学連等を、社青同解放派が解放派全学連を結成し、併せて五つの全学連が揃い踏みすることになるというのが67～69年の学生運動の流れとなる。なお、社学同派全学連は、わずか3ヶ月後に内部での内紛が激化し分裂していくことになる。

【「法政大事件」発生】

9月、「法政大事件」が発生している。これは民青同系と反日共系が法学部の自治会執行部の正統を争い、前年より決着がつけられないままに至っていた。この状況から学部当局が自治会費を「凍結」していたことに端を発する。民青同系と反日共系の間に暴力事件が発生し「制止に入った教職員を含め、民青同側に約30名の重軽傷者を出すに至った」。9月8日処分が発表された。反日共系はただちに「不当処分撤回全学共闘会議」を結成し、9月8日より大衆団交に入った。これがこじれて機動隊が導入され、反日共系学生全員285名が検挙された。この時の機動隊の殴る蹴るが後々重要な意味を持つことになった。これを「法政大事件」と云う。

【第一次羽田闘争で京大生山崎博昭氏の死亡】

佐藤栄作首相の南ベトナム訪問が発表され、三派全学連はこれを実力阻止する方針を打ち出した。ベトナム戦争の激化に伴い、安保体制の下で参戦国化しつつあった佐藤政府に対する抗議を旗印に、反戦青年委員会を巻き込みながら闘争が組織化されていった。

10月8日、武装した三派全学連と革マル派全学連の部隊は羽田空港へと向かった。社青同解放派900名、中核派1千名、革マル派400名がそれぞれ機動隊と激しく衝突した。機動隊は60年安保闘争以来初めてガス弾を使用した。この時、中核派のデモに参加していた京大生山崎博昭氏が、警備車両に轢かれて死亡するという事件が起こった。北小路敏元全学連委員長ら58名が逮捕された。混乱の最中、佐藤首相は羽田を離陸した。これが「第一次羽田闘争」と云われているものである。この闘いが、60年安保闘争後の低迷を断ち切る合図となって新左翼運動が、再び盛り上がっていくこととなった。そういう意味で、「第一次羽田闘争」は、「革命的左翼誕生の日」として新左翼史上に銘記されることとなった。

また、ヘルメット・角材などが、初めて最初から闘争の武器として用意され闘われたという点でも転回点となった。これは65年あたりから機動隊の装備が向上し、装甲車、高圧放水車、ガス銃、防石面つきヘルメット・ジュラルミン盾などが登場していたという背景と関連していた。この間の機動隊による「並列サンドイッチ規制」が、デモ隊に無力感を与え、遂にこの頃から学生運動急進主義派の方も、「ヘルメット、タオル覆面、ゲバ棒」という闘争スタイルを編み出していくことになった。「直接行動ラジカリズムの全面展開」、「組織された暴力の公然たる登場」とも云われている。

この闘争スタイルは、当時の法規制すれすれの自衛武装戦術であり、これを牧歌的といって了解することが適正であるかどうか疑問も残るが、この頃の政府自民党、警察警備隊指揮者にこれを許容するなにがしかの思いがあり、そういう意味では取り締り側にも手綱を緩める度量があったのかも知れない。

そういう「牧歌的のどかな時代」が許容した範囲において、秋山勝行委員長の下で新三派系全学連は機動隊に突進していく闘争を展開していくことになった。これに対して、警察はこれを実地訓練と見、またどんどん逮捕して保釈金で財政的にも締め上げ弾圧していく。しかし、それでも闘争が闘争員を生みだし、新三派系全学連が急速に力を増していくことになった。中でも中核派の伸張が著しく、反代々木系の最大セクトに成長していくことになった。これについて、筆者はかく思う。限定付きでは有るが、良く闘ったという意味で称賛されるべきであろう。

「第一次羽田闘争」の闘いを一つの境として、この後、実力闘争へ、更に解放区――市街戦闘争へ、更に爆弾闘争へ、ハイジャックの時代へと突入していくことになる。

【激動の7ヶ月の諸闘争】

これより以降の7ヶ月は後に「激動の7ヶ月」と云われる街頭実力闘争の連続となる。ベトナム反戦闘争、佐世保エンタープライズ寄港阻止闘争、王子野戦病院建設阻止闘争、三里塚空港阻止闘争、第二次羽田闘争へと立て続けに闘争が爆発していくことになる。これを確認しておく。

【第二次羽田闘争】

11月12日、佐藤訪米実力阻止闘争（第二次羽田闘争）。社学同・社青同解放派は前夜中大に終結し、中核派も合流し東大に籠城した。この時も三派全学連3千名が羽田空港近くの大鳥居、羽田産業道路付近で機動隊と衝突した。羽田付近に到着した反中核派連合は、丸太をかかえた「決死隊」を先頭に、機動隊の阻止線を突破、激突をくりかえし、空港付近で機動隊と激しく衝突。学生運動史上最高の333名を超える大量検挙となった。

反戦青年委員会主催の決起集会も、日比谷野外音楽堂に5千人を集めて行われた。革マル派は東粕谷中学校に結集、穴守橋へと向かったが、機動隊のサンドイッチ規制で平和島までひきかえした。民学同・フロントなどの構造改革派系学生も別行動で参加しデモ。民青同系も約200名がゲート前で「佐藤訪米反対」を唱えている。

三派系は第一次、二次羽田闘争を高く評価し、ゲバルト闘争に自信をもたらし、「守りの運動から攻めの闘争へ移行し、定着した」と総括している。その一方で、各党派は、羽田闘争の評価をめぐって数多くの論争を生みだし、新たな党派の再編と分岐を準備する前段になった。中核派、社学同、ML派は、街頭実力闘争を評価し、「組織された暴力とプロレタリア国際主義の前進」（社学同）、「武装することによって7ヶ月の激動を勝利的に展開し、70年安保闘争を切りひらいた」（中核派）などと総括した。一方、革マル派、構改諸派は、「街頭実力武装闘争は小ブル急進主義」とし、組織的力量を蓄えていくことの方が重要であると主張した。また、社青同解放派は、「いったん持ったゲバ棒を二度と手放そうとしないのは誤りである。問題は街頭のエネルギーを生産点に還流し、労働者と結合していくことが重要」と総括した。

【エンプラ寄港阻止闘争始まる】

12月2日、政府はこの日の閣議で、アメリカ第七機動艦隊の旗艦原子力空母エンタープライズの日本寄港を了承した。エンタープライズは、加圧水式原子炉8基を推進力とし、戦闘機など70～100機を搭載する巨大原子力空母であった。政府は当初予定していた横須賀を避け、佐世保を寄港地に決定した。以降、寄港阻止闘争が始まる。

12月4日、全学連（三派系）が清水谷公園でエンプラ寄港阻止決起大会を開催し、400名結集、集会前、中核派と社青同解放派が衝突、米大使館デモ。

【中核派が全学連主流派大会開催、解放派が反帝学評を結成】

12月、中核派が、法政大・板橋区民会館で秋山委員長、青木情宣部長（広島大）、金山中執委員らを迎えて単独で全学連主流派大会を開く。千名が参加し、エンプラ寄港阻止佐世保現地闘争を〝第三の羽田〟として闘うことを決議、現地派遣団の組織化・越冬体制を決定。

12月、社青同解放派が、全国反帝学生評議会（反帝学評）を結成し、早大で大会を開催した。48大学代表の４００名が参加し、反戦・反ファッショ・反合理化闘争推進等を決議（議長・三井一征）した。

第16章　全共闘運動の盛り上がり（8期その1　1968）

【ベトナムのテト攻勢】

1968年（昭和43）1月、北ベトナムと南ベトナム解放戦線が、テト（旧正月）攻勢を仕掛ける。ベトナム戦争の戦局は、明らかに米軍敗色を濃厚にし始めた。

【中大闘争勝利、東大闘争・日大闘争始まる】

1月、大学当局の学費値上げ発表に対し、中央大学昼間部自治会が学費値上げ反対全学ストに突入。2月、中大学費値上げ反対闘争が白紙撤回で勝利決着。この頃、医学部から発生した東大紛争が、次第に全学部へ広がりを見せていくことになった。さらに日大闘争が始まり、東大――日大を頂点とする全国大学紛争が勃発し、政治闘争に重なり相乗していくことになった。

【原子力空母エンプラ寄港阻止闘争】

1月、米国政府が、原子力空母エンタープライズの1月17～18日頃佐世保寄港を非公式に通告。これにより、「佐世保エンタープライズ寄港阻止闘争」が始まる。佐世保現地と東京での闘いが呼応し、以後1週間現地で激闘となる。1月15日、法政大学を出発して佐世保へ向から中核派約２００名が、飯田橋駅へ到着したところ機動隊が検束を開始し、公務執行妨害・凶器準備集合罪が適用され１３１名が逮捕されている。「予防検束」との批判の声が挙がった。ブント系学生が外務省に乱入89名逮捕される。

1月17日、佐世保駅に着いた三派系全学連約８００名が、米軍基地に通じる平瀬橋で機動隊と衝突、数千人の市民が見守る中で約5分間の乱闘となった。機動隊側の完勝となり、27名が逮捕され、多数の学生が負傷している。同日、東京でも三派・革マル派・反戦青年委ら13団体の共催で総決起集会「エンタープライズ寄港阻止、ベトナム反戦青年学生総決起集会」が開かれ1万余名参加。1月18日、社共共催による5万人現地集会「原子力艦隊寄港阻止佐世保集会」が開催される。この集会に三派系全学連が参加しようとするが、ヘルメット・梶棒姿の日共—民青同がこれを阻止しようとして逆に排除される。反戦青年委員会が三派系全学連を誘導して拍手に迎えられて入場、一角に陣取った。集会後、三派の1千５００名が佐世保橋で機動隊と再度衝突、15名が逮捕されている。この時、反戦青年委員会の労組員などが、学生部隊のうしろにつき援護する態勢をとった。さらに、周辺にいた市民などの群集も、学生部隊に暴力をふるう機動隊を非難し、あるいは積極的な抗議行動にでた。

1月19日、エンタープライズが、原子力駆逐艦トラクストンを従えて入港。三派系は佐世保橋上で再々度衝突し8名が逮捕。社学同は外務省突入。1月21日、中核派の学生2名が基地内に突入。参加者延べ6万4千700人、うち三派全学連など学生約4千人、負傷者519名、うち学生229名、逮捕者69名、うち学生64名となった。

【王子野戦病院設置阻止闘争】

2月、王子野戦病院は、ベトナム戦争の激化の中で、埼玉県朝霞基地の米軍病院だけでは負傷者の収容が不十分となったため、王子キャンプ内に新たな病院を開設しようとしたものだった。地元では計画の噂が流れた1年以上前から反対運動が続けられていたが、三派・革マル・民学同などがそれぞれ取り組み、三里塚闘争と並行しつつ闘われた。王子・柳田公園で開かれた反戦青年委員会主催の総決起集会を皮切りに地域ぐるみの闘争になり、これに新左翼勢力が積極的に加わり闘争を激化させた。3月、南ベトナムのソンミ村でのアメリカ軍の村民大虐殺が表ざたになり世界に衝撃を与えた。都議会が、移転反対決議を出し、美濃部東京都知事は事態の打開を図るため米軍に野戦病院の移転を要請、政府も東京多摩への移転を検討せざるをえなくなり、反対闘争は成果をおさめた。

3月28日、学生1千名が病院に突撃し、中核派の49名が基地内に突入。各地で続いた機動隊との衝突では、市民も機動隊に投石するというエスカレートぶりをみせた。この闘争では、地元住民が学生や労働者を支援して自然発生的に共闘の輪ができた。学生たちの激しい行動が、市民や住民たちの共感や行動をよびおこし、それがうねりとなっていった。闘争は波状攻撃のように続き、住民も支援のため歩道を埋めつくした。学生や反戦青年委員会の労働者の闘争は、市民や住民らの闘いをよびおこしていた。

4月1日、三派系全学連が、パトカーを炎上させ、交番襲撃。108名が逮捕される。2月20日から4月15日まで、学生部隊、反戦青年委員会、それに市民による機動隊との激しい衝突事件は9回にわたり、計1千500人以上の負傷者が出た。「闘う市民」の登場が、この一連の王子闘争の特徴であった。

【三里塚闘争】

この頃、三里塚闘争では、反対同盟と三派全学連や反戦青年委員会が結合し始めた。こうなると、日共は例によってトロツキスト批判を展開して戦列から離れ、社会党もいつのまにか「条件派」に鞍替えした。2月26日、三里塚・芝山連合空港反対同盟と三派全学連共闘による三里塚空港実力粉砕現地総決起集会、3千名結集、衝突。戸村一作反対同盟委員長ら400名が重軽傷。3月10日、三里塚闘争、反対同盟1千300名を中心に全国から労学農・市民1万人参加。全学連2千名が機動隊と衝突。3月20日、三里塚空港粉砕成田集会、労農学5千名が集会とデモ。3月31日、三里塚闘争、三派系全学連が、成田市の新空港公団分室突入を図り、51名が逮捕される。

【中核派と革マル派の理論闘争】

この時期中核派は、大衆運動の高揚期には組織をかけてでも闘争をやり抜くという旧ブント的方針で闘争を指導し、支持を獲得していった。この手法は勇ましく人気も出たが、一方逮捕など組織的な消耗が避けられなかった。こうした中核派の闘争指導に対して、革マル派は、大衆闘争上の現象的激動を革命的激動と取り違える妄想と批判した。革マル派は「革マル体操」と揶揄されながらも、ゲバ棒はかついでも機動隊との衝突は極力避けつつ組織温存を重視した。こうした革マル派の闘争指導に対して、中核派は、革命的組織作りはそのような真空中でつくられるのではなく、革命的激動の中で攻撃的に対応することを通じて勝ち取られるものだと批判し武闘路線に邁進した。

これについて筆者は思う。既述したが私には、どちらの言い分が正しいと云うよりは、このやり方の方が自分にとってしっくり合うという気質の差のように思われる。問題は次のことにある。こういう理論闘争は大いに称揚されるべきところ、学生運動史上の珍しい理論闘争となっていることである。常時やりとりされて然るべきではなかろうか。

【日共が北方領土問題で全千島返還論発表】

3月、日共が北方領土返還問題で、「南千島のみではなく北千島をも含めた全千島の日本返還論」を発表している。これについて筆者は思う。右翼も顔負けだろうに。

【4・28沖縄デー闘争】

4月28日、沖縄デー闘争。29団体による共同声明「総決起せよ」が打ち出された。ちなみに29団体とは、中核派・ブント・ML派・第四インター・社労同の5党派に共労党、統社同、反帝学評、東大、日大、中央大、教育大などの各全共闘が加わっていた。東京には全国から2万人の学生、労働者が集まり、都心でデモを展開した。全学連3千名がデモ。

中核派の2千名を中心とする武装部隊が、東京駅を占拠、枕木に放火するなどして、機動隊と衝突、数時間にわたって新幹線、国電などをストップさせた。全共闘、ベ平連などノンセクト部隊数千人も、群集をまじえて銀座でデモ、その一部は交番を襲い、敷石をはがして機動隊に投げるなど、衝突を繰りかえした。ブントは、世田谷区の佐藤栄作宅を火炎ビンで襲うなどした。

【ベトナム戦争と世界の反戦闘争】

ジョンソン米大統領が、北ベトナム提案を受諾しパリで予備会談を開くと発表。解放戦線が第三次攻勢を開始。パリの学生デモ激化。サイゴン地区で激戦、市街戦。米・北ベトナム第1回準備会談。米・北ベトナム第1回パリ会談。

5月、フランス「5月危機」始まる。3月に始まったソルボンヌ大学のナンテール分校の学生改革要求の大学占拠闘争は、ナチス以来のソルボンヌ大学封鎖となった。学生寮の管理などを廻り学生と対立していた大学側が、パリ郊外のキャンパスを封鎖したのに対し、学生は、カルチェ・ラタンにバリケードをつくって警官隊と対峙した。この要塞化したバリケードをめぐる学生と警官との衝突は激しいものとなった。

西ドイツの首都ボンで、非常事態法に反発する学生約3万名が警官隊と衝突。アメリカでも、ベトナム反戦を主張するSDS（民主主義社会のための学生連合）の学生が、コロンビア大学で大学占拠闘争。これは「いちご白書」として報告され有名になる。これを契機に、全米に学園闘争が広がっていった。

【日共の更なる右傾化】

5月、7月の参院選が迫る中、日共は、重要政策における右傾化方向へ舵を切った。まず、安保政策として、従来の安保破棄を廃棄へと用語変更した。その意味するところは、破棄の場合は実力闘争的響きを持つが、廃棄とすることにより議会手続きによってこれを行うことを誓う云々というものであった。

次に、社会党的非武装中立主義を非現実的として、「もし日本が落下傘部隊を落とされて首都を占拠されるという危険があるとき、何にも持たないで、お手上げというのでは主権を守れませんから、そういう場合の自衛措置は国民の総意によって憲法上の取り扱いを考慮して決めるというので（憲法問題）を保留している訳です」とした。これは、自衛隊の合法化に踏み切ったことを意味する。

次に、プロレタリアート独裁をプロレタリアート（労働者階級）執権に改めた。次のように述べている。「プロレタリアート独裁という言葉の意味は、プロレタリアート（労働者階級）の執政とか執権とかいうもので、プロレタリアートが権力を握って政治を行うということ、つまり労働者を中心に多数の者が政治を行うということに他なりません。それこそ真の民主主義なのです」。これは、プロレタリアート独裁論に対してとかくの批判が為されるのを受けて、「恐くない独裁論」を創造したことになる。

【6・15でのゲバルト】

6月15日、日比谷野音で「アメリカにベトナム戦争の即時全面中止を要求する6・15集会」が開かれる。1万2千名結集。このベトナム反戦青年学生決起集会で、中核派対革マル派・社青同解放派連合という構図での乱闘騒ぎが起こる。全国反戦は以降完全に分裂した。

これについて筆者は思う。この「内ゲバ」は考察されるに値する。こうした「内ゲバ」が、統一集会に於いて「70年安保闘争」決戦期前に発生しているという内部的瓦解性の面と、後の展開からしてみて少々奇妙な構図が見える。つまり、中核派対革マル派・社青同解放派連合という構図は、どういう背景からもたらされたのだろうか。周知のように、中核派対革マル派、社青同解放派対革マル派というのが70年以降の構図であることを思えば、この時の経過が分からない。お互い運動に責任を持つ立場からすれば、こうした経過は明確にしておくべきではなかろうか。

いずれにせよ、当面の運動の利益の前に党派の利益が優先されていることにはなる。果たして、安保決戦期前のこの内部対立性（新左翼対民青同、新左翼内のセクト抗争）は偶然なのだろうか。筆者はそのようには見ていない。こういうことに賢明に対応できないようでは、百年かけても左翼運動が首尾良く推移することはないと思う。

【東大闘争の激化】

7月、東大全学共闘会議（東大全共闘）結成、初の決起集会に3千名結集。7月16日、東大全共闘が7項目要求確認。7月23日、東大全共闘を支持する全学助手共闘会議結成。

【中核派全学連結成、その功罪考】

7月、中核派全学連大会開催される。こうして中核派は、中核派全学連として単独大会を開催して正式に三派全学連から離脱することになった。101大学157自治会127代議員1千500名参加。この数字が正確であるとすれば、中核派の進出が凄まじいものがあったということになる。12月10日、中核派全学連臨時全国大会、委員長に金山克巳氏を選出する。

これについて筆者は思う。この時期、革マル派全学連、民青同全学連に続き中核派全学連が立ち上げられた。時の勢いでもあったが、後の展開から見て真似してはいけない党派独善運動であった気がしないわけでもない。全学連の革マル派化、民青同の自前全学連創出は、運動全体の利益を考えるより党派的な利益を優先する体質的なそれであるから是非に及ばずとして、中核派の自前全学連創出はいかがなものであっただろうか。むしろ、共同戦線型の全学連を良しとして、引き続き主力となって三派全学連を担い続けるべきだったのではなかろうか。少なくとも、中核派の方から自前全学連を創る必要はなかったのではあるまいか。中核派が安直に革マル派、民青同型を踏襲したことを惜しいと思う。この指摘は、中核派を非難しようとして述べているのではない。日本左派運動の共同戦線型運動に対する軽視ないしは不見識が、高揚期の場面になるや現われ、それがやがて運動の衰微を用意していく下地になるという法理を確認したい為である。

こうして、三派全学連から中核派が抜け、反中核派連合の第二次ブント統一派——社学同、ML派、社青同解放派、第4インターなどが反帝全学連を創出する。これで四つめの全学連が誕生することとなった。その反帝全学連もそれぞれの全学連を創出していくことになる。筆者が思うに、全共闘運動は元々革マル派、民青同のロゴス派運動とは質の違うカオス派の共同戦線運動として進められたが故に昂揚したのではなかったか。ならば、この昂揚を醸成発展せしめる為にも、引き続きあくまでも共同戦線運動として保持されていくべきではなかったか。思えば、第一次ブント運動の功績も、この共同戦線型の構えであったが故に空前の盛り上がりをみせてたのではなかろうか。第一次ブントが解体したのは、これを担う連中のカオス型共同戦線運動に対する軽視ないしは不見識によってではなかったか。追ってカオス型共同戦線運動に対する見識不足のツケが、自家撞着していくさまを見ることになるであろう。

【第二次ブントの分裂】

この頃、第二次ブントが次々と分裂していった。8月、マル戦派は、幹部間の対立から前衛派と怒濤派に分裂した。戦略戦術の総括、岩田理論の評価の対立から、岩田理論の正統継承派を主張する前衛派と、学生活動家を擁し多数派の怒濤派に分裂した。怒濤派は、後に労働者共産主義委員会（労共委）と改称し機関紙『怒濤』を発行、下部組織として共産主義戦線（共戦）を結成することになる。

【チェコで「プラハの春事件」】

「人間の顔をした社会主義を求めるプラハの春」と呼ばれた、党民主化・社会主義国家体制民主化運動が1968年に爆発的に高揚し、8月、ソ連などワルシャワ条約機構5カ国軍隊（ソ連・ポーランド・東ドイツ・ハンガリー・ブルガリア）がチェコスロバキアに侵入し、全土を占領するというチェコ事件が発生した（「プラハの春弾圧」）。ドプチェクら党・政府の最高指導者たちは、いきなり手錠をかけられ、モスクワに連行された。

この時ブレジネフは、「制限主権論」を唱え、冷戦下の社会主義世界体制で、チェコ共産党・国家の独自の改革権限・主権は制限されると主張し、この闘争を指導したドプチェク氏と「プラハの春」指導者らに「反革命」レッテルを貼り、チェコ傀儡政権に命令して、50万人の改革派党員を除名し、職場から追放した。8月21日、ソ連軍のチェコ武力介入に緊急抗議集会。

【日大―東大闘争】

9～11月、日大闘争と東大闘争が、綾をなすように盛り上がりを見せていくことになる。9月、日大全共闘総決起集会。数万名結集。この頃東大闘争が拡大していくことになり、9月19日、工・経・教育学部もストに突入。9月20日、日大が全学ストに突入。9月27日、東大医学部赤レンガ館を研究者が自主封鎖。民青同との対立が抜き差しならない方向で進んだ。

9月30日、日大全共闘3万名が、両国講堂で大学当局と10時間大衆団交。大学側全理事退陣確認書に署名させる。翌日、佐藤首相の批判を受け撤回する。10月1日、東大の理・農・法学部も無期限ストライキ突入。10月5日、秋田明大ら日大全共闘幹部8名に逮捕状が出され、機動隊が導入され各学部のバリケードが解除される。

10月12日、東大全学無期限ストに突入。11月1日、東大の大河内総長が辞任した。東大総長が任期を全うせず辞任するのは戦後初めてのことであり、東大90年の歴史にも前例がない。11月4日、加藤教授が総長代行就任。12月29日、坂田文相が東大全学部の入試中止を決定。

【騒乱罪適用の10・21国際反戦デー】

10月8日、羽田闘争1周年集会。中核派、社学同、ML派、反戦青年委員会の約1万人が参加する。革マル派と社青同解放派は別個に集会。構造改革派系も合流しその後新宿駅で米軍燃料タンク阻止闘争。144名逮捕される。

10月20日、10月反戦行動実行委による市民デモ。明治公園→新宿駅西口、3千名結集。9名逮捕される。そのあと新宿駅東口でベ平連街頭演説会。石田郁夫、小田実、小中陽太郎、日高六郎ら発言。1万名結集。社学同の学生26名防衛庁突入。

10月21日、国際反戦デー。全国で46都道府県560カ所で30万名参加。31大学60自治会スト決行。全学連統一行動は、中央集会に1万余を結集。新宿・国会・防衛庁等で2万人デモ、機動隊と激突。社学同統一派系1千名は、中央大集結後防衛庁突入闘争。社青同解放派系は、早大集結後国会とアメリカ大使館に突入闘争。革マル派と構造改革派（フロント）900名（1千700名ともある）は、東大で集結後国会へ向かう途中で機動隊と衝突。中核派、ML派、第4インター1千500名は、お茶の水駅前集結後新宿駅へ向かい、労働者・市民2万人と合流した後騒動化。政府は、翌22日、騒乱罪を適用指令、769名が逮捕される。

【東大闘争の激化、全共闘と民青同の衝突】

11月12日、東大総合図書館前で全共闘と民青同学生が衝突。11月14日、駒場第3・第6本館封鎖を廻り再び全共闘と民青同学生が衝突。11月19日、加藤総長代行が民青同派と公開予備折衝に入る。11月22日、東大校内で東大・日大闘争勝利全国学生総決起集会。新左翼系約2万名が集結、デモ。民青同系と小競り合い。12月より東大のみならず各大学で、民青同・右翼グループがバリケード封鎖解除の動き強める。この時期、民青同の民主化棒なるゲバルトが生まれた。

これについて筆者は思う。民青同のゲバルトは、日頃の穏健派理論には似つかわしくないものであったが、ゲバルト理論を支えるエートスは日共の民主連合政府樹立運動に対する呼応であった。しかし、それがいかにマヌーバーであったことか。

【11月闘争】

11月7日、沖縄闘争。中核派・ML派・社学同の学生・反戦青年委員会約5千名が首相官邸デモ。この闘いで秋山全学連委員長ら474名が逮捕される。11月24日、三里塚空港粉砕・ボーリング実力阻止全国総決起大会。労農学8千名実力デモ。11月23日、東大で全共闘による「東大・日大闘争勝利、全国学園紛争勝利総決起集会」が開催される。

68年末から翌69年にかけて全共闘運動は、決戦気運に突入して行くことになった。卒業―就職期を控えて、大学当局も全共闘側も年度中に何らかの解決が計られねばならないという事情があった。こうして、翌69年1月の東大時計台闘争（安田講堂攻防戦）に向けて全共闘運動は、セレモニーに向かうことになった。

【1968年の大学紛争校】

68年の紛争校120校、うち封鎖・占拠されたもの39校。69年には、紛争校165校、うち封鎖・占拠されたもの140校となる。当時の全国の大学総数は379校であったから、その

37％の大学で学内にバリケードが構築されたことになる。
大学当局は管理能力を失い、学生側は代々木系と反代々木系の対立、過激派各派の衝突や内ゲバも繰り返されていくことになり、全くアナーキーな状態が現出した。

【べ平連の組織化】

この年の特徴として、以上のような動きの他にべ平連支部が、各地域ごとの他に各大学にも急速に結成されていったことも注目される。既に66年には、東大ベトナム反戦会議、京都府立大、三重大等、67年には帝塚山学院高等部、神戸大、沖縄大学、広島大、立命館大、一橋大等で支部結成されていたが、68年になると信大、同志社大、北大、小樽商大、大阪工大、竜谷大、東工大、芝浦工大、東工大、慶応医学部、東大、青山学院、国立音大、農工大、世田工、東京水産大、東京外語大、大阪芸大、工学院大、神戸商大等で発足した。

第17章　東大闘争クライマックス・全国全共闘結成（8期その2　1969）

【全共闘対民青同のゲバルトで東大へ機動隊導入】

1969年（昭和44）1月4日、加藤総長代行による非常事態宣言が発表され、東大闘争が決戦化の流れに入った。1月9日、「7学部集会」を翌日に控えたこの日、東大全共闘が、民青同が根拠地化していた教育学部奪還闘争の挙に出て民青同と激突。これを見て大学当局の判断によって機動隊が導入された。この時の機動隊導入は、学生運動内部のゲバルト抗争に対してなされたものであり、それまでの大学当局対学生間の抗争に関連しての導入ではないという内容の違いが注目される。

『日本共産党の65年』（257頁）は次のように記している。「東大では、学生、教職員自ら暴力集団の襲撃を阻止し、校舎封鎖を解消する闘いを進め、1月9日には、7学部代表団と大学当局との交渉を妨害する為に各地から2千人をかき集めて経済学部、教育学部を襲った暴力集団の襲撃を正当防衛権を行使して机やいすのバリケードなどで跳ね返した……党は、これらの闘争が正しく進むよう積極的に援助した」。

【東大で7学部集会】

1月10日、秩父宮ラグビー場で、約8千名の学生を集めて東大「7学部集会」が開かれた。医・文・薬学部を除いた7学部、2学科、5院生の学生・院生の代表団と東大当局の間で確認書が取り交わされた。民青同がこれを指導し、泥沼化する東大紛争の自主解決の気運を急速に盛り上げていくことになった。予想以上に多くの学生が結集したと云われている。紛争疲れと展望無き引き回しを呼号し続ける、全共闘運動に対する厭戦気分が反映されていたものと思われる。

「7学部集会」では、「大学当局は、大学の自治が教授会の自治であるという従来の考え方が誤りであることを認め、学生・院生・職員も、それぞれ固有の権利を持って大学の自治を形成していることを確認する」などが確認された。この確認書の内容は、当初全共闘側が目指していたものであるが、全共闘運動はいつの間にかこうした制度改革闘争を放棄し始め、この頃においては「オール・オア・ナッシング」的な政治闘争方針に移行していた。民青同ペースの「7学部集会」に反発するばかりで、制度改革闘争を含めた今後の東大闘争に対する戦略――戦術的な位置づけを放棄していた観がある。

これについて筆者は思う。なぜかは分からないが、運動の困難に際したときに、決して大衆的討議の経験を持とうとしないというのが新旧左翼の共通項と私は思っている。この頃より一般学生の遊離が始まったとみる。それと、全共闘運動がなぜ制度改革闘争を軽視する論理に至ったのかが分からない。果たして、我々は戦後人民的闘争で獲得した制度上の獲得物の一つでもあるのだろうか。反対とか粉砕とかは常に聞かされているが、逆攻勢で獲得する闘争になぜ向かわないのだろう。

【東大安田講堂攻防戦】

1月12日、東大、民青同と右翼系の手により6学部でスト解除。この頃より安田講堂の封鎖解除を促すために、大学当局より機動隊導入が予告された。1月15日、東大全共闘が安田講堂封鎖を強化し、各派から500名が籠城した。こうして全共闘運動は、東大安田講堂決戦（東大時計台闘争）でクライマックスを迎えることになった。この時の民青同の動きが、次のように伝えられている。機動隊の安田講堂突入の事前情報をつかんだ宮顕は、川上氏に直接指令を出し、〝ゲバ民〟側の鉄パイプ、ゲバ棒1万本を一夜の内に隠匿、処分させた。

この時の革マル派の動きが、次のように伝えられている。同派はこの時、他セクトとともに全共闘守備隊に入っていたが、機動隊導入の前夜に担当していた法文2号館から退去、そこに機動隊が陣取ることで、隣の法研・安田講堂の封鎖解除を容易にさせるという不自然な動きを示した。

1月18日、東大闘争の決戦として安田砦攻防戦が闘われた。この闘いは、東大闘争の決戦としてのみならず、全国学園闘争の頂点として注視の中で闘い抜かれた。機動隊8千500名出動。2日間にわたって激闘後落城。

東大全学学生解放戦線の今井澄氏が、午後5時50分メッセージした。「我々の闘いは勝利だった。全国の学生、市民、労働者の皆さん、我々の闘いは決して終わったのではなく、我々に代わって闘う同志の諸君が、再び解放講堂から時計台放送を行う日まで、この放送を中止します」。

この間の様子は全国にテレビ放送され釘付けになった。全共闘の闘いぶりと、機動隊の粛々とした解除と学生に対する生命安全配慮ぶりが共感を呼んだ。神田で各派が東大闘争支援決起集会を開き、集会後解放区闘争を展開した。1月20日、東大・文部省会談が行われ、入試中止を最終決定する。

【革マル派の果たした役割】

革マル派は、肝心なところで「利敵行為」と「敵前逃亡」という二つの挙動不審により、これ以後全国の大学で全共闘から排除され、本拠＝早稲田大でも革マルをはずして早大全共闘がつくられた。

革マル派は、この事件以降、それまで批判していた武闘的闘争を少数の決死隊によって行うようになったが、アリバイ闘争と非難される始末となった。但し、革マル派の本領はこれから発揮されることになった。以降、いわゆる新左翼内で、革マル派と反革マル派との間にゲバルトが公然と発生する事態となったが、いざゲバルトになると革マル派は強かった。街頭での穏健な行動とのアンバランスが、却って他党派の怒りを買うことになった。

【社学同全学連の結成】

3月、社学同が全国大会を開催し、社学同派全学連を発足させた。先に四つめの全学連として誕生した反帝全学連の内部で社学同と社青同解放派の対立が激化し、社学同もまた自派単独の全学連を結成したということになる。この大会で軍事路線の討議をめぐって対立が起こった。塩見孝也や高原浩之らの関西派グループが、「軍＝党」「秋期武装蜂起」など最も過激な軍事路線を主張し、「武装蜂起は時期尚早」とする関東派グループと対立した。

【日共が社会党の非武装中立論批判】

4月、日共の宮顕は、記者会見の席上、次のように社会党成田委員長の主張する非武装中立論を批判した。「将来、中立・民主日本が外国から侵略を受けた場合、どういう抵抗をするかということについて、社会党の成田委員長は、国会ではレジスタンスと言っていたが、その後は社会党の方針としてチェコ型の抵抗だというように説明されている。チェコスロバキアの今日の事態は、決して主権と独立擁護が成功的に行われていないどころか、全体として、やはりソ連の武力のローラーのもとに従属状態が深まっている。ああいう道を我々は選びたくない」。

これにつき筆者は思うに、宮顕式国防論はもう少ししゃべらせた方が良い。社会党の非武装中立論は、こうして右から左から揺さぶられて行くことになった。これに切り返せなかった社会党の責任もさることながら、左から批判して行った日共の責任も重かろう。

【沖縄反戦デー闘争】

4月28日、沖縄反戦デー闘争。社共総評の統一集会、13万人参加。過激派学生1万名武装デモ。東京駅、銀座、新宿、渋谷などの都心部で、火炎瓶、投石闘争を展開したが、警察の徹底した取り締りが功を奏し前年の新宿騒乱闘争を大きく下回る規模の行動に終わった。べ平連も銀座、お茶の水、新橋で機動隊と衝突。全国で逮捕者965名（女性133名）、逮捕者の中には高校生も多く含まれていた。前日の4月27日、中核派とブントに破防法が適用され、革共同全国委書記長・本多延嘉と東京地区反戦世話人・藤原慶久らが逮捕される。

【4・28沖縄闘争総括を廻る対立】

4月28日の沖縄反戦デー闘争の総括をめぐって、新左翼内に対立が発生した。新左翼各派は、自画自賛的に「闘争は勝利した」旨総括したのに対し、赤軍派を生み出すことになる共産同派は、「67・10・8羽田闘争以来の暴力闘争が巨大な壁に逢着した」（69年10月『理論戦線』9号）として敗北総括した。この総括は、やがて「暴力闘争の質的転換」の是非をめぐる党内論争に発展し、党内急進派は「11月決戦期に、これまでどおりの大衆的ゲバ棒闘争を駆使しても敗北は決定的である。早急に軍隊を組織して、銃や爆弾で武装蜂起すべきである」（前記『理論戦線』）と主張して、本格的軍事方針への転換を強く主張していくこととなった。この流れが赤軍派結成に向かうことになる。

【1969年5～6月闘争】

この頃の闘争の目ぼしいものを確認しておく。5月17日、新宿西口フォーク集会に機動隊が初出動。群集2千人が集まる。以後毎土曜の西口広場でのフォーク集会が、7月まで5千名規模で開催された。5月20日、立命館大学内の「わだつみ像」が全共闘系学生によって破壊される。5月22日、「6行委」と「6・15実行委」（新左翼党派、反戦青年委、全共闘なども参加）の合同世話人会で、中核派など8派政治組織と15大学全共闘とともに市民団体が6月15日に共同デモを行うことで一致する。6月8日、ASPAC粉砕闘争、1万2千名が伊東駅前に結集。全学連は伊東警察を攻撃、207名逮捕される。6月9日、現地集結に向かう中核派全員逮捕される。

6月11日、日大全共闘、日大闘争バリスト1周年全学総決起集会、5千名がデモ。6月15日、新左翼初の大統一行動。東京で363団体主催の反戦・反安保・沖縄闘争勝利統一集会。労農学市民7万人が日比谷から東京駅へデモ。全国72カ所で十数万名が決起。6月27日、大学治安立法粉砕闘争、各派1万5千名が国会デモ。6月28日、新宿西口広場でフォークソング集会、機動隊導入され64名逮捕される。6月30日、京大に全共闘が3千名結集し、教養部民青同系代議員大会を粉砕する。機動隊と民青同を制圧し、時計台前で大学治安立法粉砕集会を開催する。

【大学運営臨時措置法案が上程】

6月、大学運営臨時措置法案が、衆議院本会議で文相の坂田道太により趣旨説明と質疑が行われた。「1　紛争大学の学長は6ヶ月以内で、一時休校とすることができる。2　文部大臣は紛争が9ヶ月以上経過した場合、教育、研究の停止（閉校措置）ができる。3　閉校後3ヶ月を経過しても収拾が困難な場合は廃校措置をとる。4　臨時大学問題審議会を設ける」などが文案となっていた。

野党、マスコミはこぞって、「大学攻撃に名を借りた治安立法だ」、「大学の自治を侵す」、「大学紛争をますます困難なものにする」と反対の姿勢を示した。田中幹事長が精力的に動き、公明党・矢野淳也書記長、民社党・佐々木良作書記長、社会党・江田三郎書記長らと個別会談。7月10日、大学立法粉砕闘争。早大に8千名結集して国会へデモ。早大で革マル派を除く諸派が早大全共闘結成、全学バリスト突入。

8月17日、「大学の運営に関する臨時措置法案」が成立施行された。これにより、それまで機動隊導入に根強い抵抗を感じていた大学側の機動隊出動要請が相次ぎ、各大学当局が積極的に警察力によって事態を収拾しようとする姿勢に転じた。以降、警視庁機動隊は1日平均8・5回も出動している。

【共産同戦旗派内で「内ゲバ」発生】

7月、明大和泉校舎で共産同戦旗派内の「内ゲバ」が発生し、仏《さらぎ》派と関西ブント塩見派が激突した。仏議長が拉致監禁され、駆けつけた機動隊に逮捕される事態になった。その後赤軍派の幹部が逆拉致監禁され、関西派活動家の1人が脱出に失敗して転落死亡するという事件が発生した。

【赤軍派の発足】

8月、塩見孝也、高原浩之らの共産同少数派が共産同戦旗派から離脱し、新たに「共産主義者同盟赤軍派」を発足させた。赤軍派は、その建軍アピールにおいて「革命の軍団を組織せよ！すべての被抑圧人民は敵階級、敵権力に対する自らの武装を開始せよ！」と宣戦布告した。「前段階武装蜂起」を唱え、学生活動家＝革命軍兵士の位置づけで武装蜂起的に「70年安保闘争」を闘おうという点で、どのセクトよりも突出した理論を引き下げて注目を浴びた。以降、機動隊に対する爆弾闘争、交番襲撃、銀行M資金作戦等のウルトラ急進主義化で存在を誇示した。9月、「大阪——東京戦争」事件を引き起こした。

赤軍派の結成に対して、新左翼最大勢力となっていた中核派と革マル派の対応の違いが興味深い。中核派は「他人事と思えない」と云い、革マル派は「誇大妄想患者の前段階崩壊」と揶揄した。既に「街頭実力闘争」についても、両派はその評価をめぐって対立を生みだしていた。これを評価する立場に立ったのが中核派、社学同、ML派であり、「組織された暴力＝権力の武装という現実に対して闘いを切り開くためには自らも武装せざるをえない。これによって激動を勝利的に推進しうる」というのが論拠であった。これを否定する立場に立ったのが革マル派、構造改革諸派であり、「小ブル急進主義である。組織的力量を蓄えていくことこそが必要」と云うのが論拠であった。

これについて筆者は思う。対権力武装闘争の位置づけをめぐってのこの論争は、互いの機関紙でなされているようでもあるが、系統的にされていない。後の経過から見れば、「理論の革マル派」と云われるだけあって革マル派の云うことには一々もっともな点が多いと思われる。今後のためにも、もっとこの種の事に関しての論議を深めておくことが肝心のようにも思う。

【全国全共闘の結成】

9月5日、日比谷野音で、ノンセクト・ラジカルと多岐多流のセクト潮流を結合させて「全国全共闘会議」が結成された。こうして、「70年安保闘争」を担う運動主体が創出された。全国全共闘は、ノンセクト・ラジカルとして、東大全共闘を牽引してきた山本義隆（逮捕執行猶予中）を議長に、日大全共闘の秋田明大を副議長に選出した。これによれば、全国全共闘はノンセクト・ラジカルのイニシアチブの下に、新左翼各派の共同戦線的共闘運動として結成されたことになる。

これには、新左翼八派が参加して全国178大学、全国の学生約3万名が結集した。八派セクトは次の通りである。

1　中核派（上部団体・革共同全国委）、2　社学同（同・共産主義者同盟）、3　学生解放

戦線（同・日本ML主義者同盟）、4　学生インター（同・第四インター日本支部）、5　プロ学同（同・共産主義労働者党）、6　共学同（同・社会主義労働者同盟）、7　反帝学評（同・社青同解放派・革労協）、8　フロント（同・統一社会主義同盟）。

これについて筆者は思う。筆者は、この8派セクトに注目する。8派セクトは、共同戦線に与し得る組織論、運動論を持っていることを証左していることになり、それは本来的な左派運動の在り方に忠実なセクトであるということを物語っている。将来、日本左派運動に新たな高揚期が生まれる時には、是非ともこの時の経験を生かすべきだろう。ここまでが「70年安保闘争」の「正」の面であったと思われる。

【全国全共闘のその後】

全国全共闘は、日本左派運動史上初の共同戦線を成功裡に樹立したという功績を持つ。これを評価する目線が乏しいのを如何せんか。ところが、その全国全共闘は、結成の瞬間から三方面より70年を待つことなく崩壊していくことになった。一つは、結集した各派セクトが自派の勢力の浸透と指導権をとることに夢中となり、全共闘運動の更なる組織化、全共闘的理念の発展化方向に向かうことなく「野合」となった。つまり、ノンセクト・ラジカルと、これに連合した八派セクトによる共同戦線的運動という未経験の重みに対応し得るものを、運動主体側が持ち得なかったということを意味する。

結集した各派セクトが、自派の勢力の拡張と指導権をとることを優先させ、金の卵全共闘運動を自らついばんで行くことになった。ノンセクト・ラジカルが、新左翼各派の草刈り場としてオルグられていく面が強まり、まったく不安定な代物へと転化し、翌年には山本議長が辞任し、全国全共闘はセクト中心の機関運営色が濃くなり、そうした傾向が強まると同時に脱落していくことになった。これにつき、そういう党派責任に帰すると見るよりも、個々の自立的な運動から始まったノンセクト・ラジカルが、組織活動を担わねばならなくなった自己矛盾であったかもしれない。党派性を超えた自立的な運動主体としての個の関わりを重視するノンセクト・ラジカルとセクトの論理が、共同戦線的運動とうまく噛み合わなかったということになるかと思われる。あるいは単に、セクトの責任を問うよりは、寄り集うのも早いがさっと散り得ることを良しとするノンセクトの気まま随意性のせいであったかもしれない。

全国全共闘自壊要因のもう一つは、結成直前に誕生した赤軍派による更なる突出化闘争の否定的影響があったと思われる。全国全共闘結成大会に、この日はじめて武闘派の最極左として結成されていた約100名の赤軍派メンバーが登場した。マスコミは、全国全共闘の歴史的意義を報ずるよりも、赤軍派の登場を好餌として大きく報道した。これについて筆者はかく思う。赤軍派理論は、学生運動の水準を大きく超えていたことにより、全共闘――ノンセクト・ラジカル――シンパ一般学生の結合に向かうのではなく、却って分離化作用を促進した。赤軍派は、この後さまざまな過激な事件を起こして物議を醸して行くが、筆者は「気質的目立ちがりやの所業」であったとみる。但し、この赤軍派が闘争を極化させたことで、後々貴重な経験を積み重ねていくことになるので全否定はできない。

全国全共闘自壊要因のもう一つは、この頃から革マル派と社青同解放派、中核派間に公然ゲバルトが始まり、70年を目前に控えた最も肝心な69年後半期という不自然な時期に、オカシナことが起こったことである。これにより、全共闘運動が大きく混乱させられることになった。この時期の革マル派の全共闘二大勢力であった社青同解放派、中核派攻撃は、果たして偶然であったのだろうか。これらが否定現象となりつつ、長期化する闘争にノンセクト・ラジカルが脱落し始め、一般学生のサイレント・マジョリティーが闘争収束を願い、民青同の動きを支持し始める流動局面が生まれていった。早くも本番の70年を迎えるまでもなく、自壊現象が見え始めることになった。

【社青同解放派が革労協、反帝学評結成】

9月、社青同急進派の主流を形成していたグループが、「社会党・日本社会主義青年同盟学生班協議会解放派」(以下、「社青同解放派」と記す)、その政治組織として革命的労働者協会(革労協)、学生組織として全国反帝学生評議会連合(反帝学評)を結成した。この流れを創出したのは中原一(本名・笠原正義)、滝口弘人、高見圭司、狭間嘉明らであった。中原氏が革労協の書記長、社青同解放派筆頭総務委員に就任した。

機関紙として『解放』(旧『革命』)を発行する。解放派は、学生運動の拠点として東大に足場を築き、早大政経学部自治会を長らく維持していたが、東大紛争の最中に革マル派との束の間の蜜月時代を経てゲバルトに突入。これに敗退、追放された。その後、明治大学を拠点とする。

【警察対中核派の攻防】

9月、警察は、中核派に対して4月の破防法「個人適用」の上に「団体適用」をちらつかせながら締め上げを行っていた。こうした予防拘禁型の検挙に対し中核派は、「革命を暴力的に行うということは内乱を起こすということで、それなりの覚悟が必要。逮捕を恐れていては話にならない。組織も公然組織だけではダメ」ということで、指導部を公然・非公然の2本立てにし、公然組織を前進社に残して、政治局員のほとんどが地下に潜行した。

【小西3曹が治安出動訓練拒否で決起】

9月、70年安保闘争に対して自衛隊が全国的に治安出動態勢に突入したこの時、航空自衛隊佐渡レーダーサイトに勤務していた小西誠3曹（20歳）が、「治安出動訓練拒否」、「自衛隊に自由を、民主主義を」などと書かれたビラ百数十枚を張り出し、公然反乱した。10月18日に分屯基地の営内で始まった治安出動訓練を全隊員の前で拒否。11月1日、小西3曹は自衛隊警務隊に逮捕される。11月22日、自衛隊法第64条違反「政府の活動能率を低下させるサボタージュを煽動した」として新潟地裁に起訴された。

裁判は70年7月から第1回公判が開始され、75年3月、新潟地裁は憲法判断を回避し、「検察官の証明不十分」という理由で無罪が宣告される。控訴審・東京高裁では「審理不十分」として差し戻し判決が下され、差し戻し審の新潟地裁では、81年、再び小西誠3曹に無罪判決が言い渡される。この判決に検察は控訴をしなかったため確定する。

【10月21日国際反戦デー闘争】

10月21日、国際反戦デー。社共総評、全国600カ所で86万人参加。東京では、都公安委員会による一切の集会・デモの不許可に関わらず新左翼系のデモ、各地で警察と衝突、各所でゲリラ闘争展開。中核派が新宿・高田馬場を中心に都市ゲリラ型闘争を展開。群衆を交えて市街戦を展開。社学同――全共闘グループは両国・東日本橋で、反帝学評――旧構造改革派グループは東京駅八重洲周辺で、革マル派は戸塚2丁目で。襲われた警察署4、派出所17、一種戦場と化した。逮捕者全国で1千508名。そのうち東京1千121名。

【赤軍派の「大菩薩峠事件」】

11月、大菩薩峠で武装訓練中の赤軍派53人が逮捕された。これを「大菩薩峠事件」と云う。革マル派は、この事件を次のように揶揄している。「赤軍派は誇大妄想患者、塩見に煽動され、200の機関銃隊、3千の抜刀隊による1週間の国会占拠などという超時代的方針をかかげていたが、スパイの内通により『一揆』を前に『前段階崩壊』した」。中核派は、次のように評している。「われわれは、赤軍派の諸君への権力の反革命的襲撃をけっして他人事として考えることはできない。ましてや、さかしげにその幼稚さをあげつらうことは断じて正しくない」。

【佐藤訪米阻止闘争】

11月佐藤訪米阻止闘争。蒲田駅付近で機動隊と激突。全国で2千156名逮捕される。この日の闘いを機として運動は、やがて一方で武装闘争——ゲリラ戦へと上り詰めていく。蒲田周辺に「自警団」が誕生している。11月21日、ワシントンで佐藤・ニクソンによる日米首脳会談。共同声明を発表し、「安保堅持、沖縄の72年5月『核抜き』『本土並み』返還」を確認した。

【革マル派と解放派・中核派間にゲバルト始まる】

11月28日、東大闘争裁判支援集会（日比谷野音）で、半数を占めた革マルと他派がゲバルトを起こし革マル派が武力制圧した。中核派は、革マル派との内ゲバに敗退したことを重視し、反戦労働者をも巻き込みつつ反撃態勢を構築していくことになった。12月14日、糟谷君人民葬でも、これに参加しようとした革マルと認めない中核派間にゲバルトが発生した。翌12月15日、中核派は革マル派を武装反革命集団＝第二民青と規定し、せん滅宣言を出したことで対立が決定的になる。

この頃から革マル派の社青同解放派、中核派に対する公然ゲバルトが始まり、大きく全共闘運動を混乱させることになった。両派は、「70年安保闘争」に向かうエネルギーを急遽対革マル派とのゲバルトにも費消せねばならないことになった。こうして、後に満展開することになる「新左翼セクト間ゲバルト＝党派ゲバルト」は、既に69年後半期より突入することになった。全共闘運動に対する民青同の敵対は、既述した通りであり折り込み済みであったと思われるが、この革マル派による公然ゲバルト闘争化は不意をつかれた形になった。

これについて筆者は思う。筆者は、ゲバルトの正邪論議以前の問題として、70年安保闘争の最中のいよいよこれから本番に向かおうとする時点で党派ゲバルトが発生したことを疑惑している。この時のお互いの論拠が明らかにされていないので一応「仮定」とするが、革マル派が、独特の教義とも云える「他党派解体路線」に基づきこの時期に公然と敵対党派にゲバルトを仕掛けていったのであるとすれば、「安田決戦敵前逃亡事件」といい、このことといい、あまり質が良くないと思うのが自然であろう。

つまり、内ゲバ一般論はオカシイということになる。もっとも、これに安易に憎悪を掻き立てさせられ、社青同解放派、中核派両派が70年安保闘争そっちのけでゲバルト抗争に巻き込まれていったとするならば幾分能なしの対応と見る。やはり、こういう前例のない方向において運動路線上の転換を図る場合には、相手が何者かを見据え、的確な理論的総括を得て、大衆を巻き込んだ「下から討議」を徹底して積み上げねばならないのではなかろうか。その際には事実に基づいた正確な経過の広報が前提にされるべきであろう。

70年安保闘争は、こうして本番の70年を迎えるまでもなく急速に大衆闘争から「浮き」始めていた。筆者は、どこまで意図、誘導されたのか分からないが公安側の頭脳戦の勝利とみる。同時に日本左派運動は、本当のところ「自己満足的な革命ごっこ劇場」を単に欲しているのではないかと見る。併せて、いわゆる内ゲバ——党派間ゲバルトについて、それを起こさせない能力を左派が初心から獲得しない限り、不毛な抗争により常に攪乱されるとみる。

第18章　70年安保闘争とその後（9期その1　1970）

【創価学会の出版妨害事件】

1969年から70年にかけて、公明党・創価学会の「言論・出版妨害事件」起こる。1970年（昭和45）2月27日、日共の不破が予算委員会での初質問で、佐藤栄作首相を相手に、創価学会の出版妨害事件に対する政府・自民党の態度を追及した。これが不破のデビュー戦となった。創価学会の出版妨害事件とは、評論家の藤原弘達氏が著作『創価学会を斬る』を日新報道という出版社から発行しようとした時、これを闇に葬ろうとする創価学会・公明党の妨害にぶつかったことから明るみに出た事件のことを云う。

5月3日、創価学会の池田大作会長が講演で「猛省」し創価学会の国立戒壇教義「王仏冥合《おうぶつみょうごう》理論」を公明党の政策にしない云々と述べ政教分離を宣言した。このあと開かれた公明党大会でも確認した。これについて筆者が思うに、この時、創価学会は、「政教分離」宣言することによって理論部（創価学会）と実践部（公明党）を機関分けすることに成功し、結果的に機関運営主義的に機能分けしたことになる。このことが後々、公明党の発展に資することになったように思われる。他方で、創価学会と公明党の関係を批判した側の日共は、相変わらずの一枚岩組織体制を敷いて行くことになる。オカシナ話である。

【大阪万国博（EXPO70）開会】

3月、日本万国博覧会開会。大阪万国博（EXPO70）開会式。大阪府吹田市千里丘陵で「人類の進歩と調和」をテーマに77カ国が参加した。米宇宙船アポロ11号が持ち帰った「月の石」などが人気を集めた。過去最高の6千421万人の入場者を記録した。

【カンボジア内戦】

3月、この頃カンボジアで内戦が起こり、これに南ベトナム解放軍・北ベトナム軍が参戦したことから、我が国のベトナム反戦闘争も混迷を深めることとなった。この問題の深刻さは、この間の新旧左翼にあった国際反戦闘争におけるアメリカ帝国主義＝悪、民族解放闘争＝善というそれまでの図式の根底からの見直しが迫られたことにあった。

いわば、民族解放闘争間にも矛盾対立が存在し、これにどう対処するのかという新たな理論的課題が突きつけられることになった。問題を複雑にさせていたのは、ソ連――ベトナム――反ポル・ポト派、中国――ポル・ポト政権という国際関係で、一筋縄で行かない様相を見せていた。

この事態に対し、日共は、ポル・ポト政権の「残虐」を踏まえベトナム軍の行動を支持した。

第4インター系譜もこの立場を取った（『世界革命』558号「インドシナ革命の新たな前進を米日帝国主義の敵対から防衛せよ」）。これに対し、ブント系譜は、ベトナム軍の行動を批判する立場を見せていた。しかし、この時も新旧左翼は互いが罵倒しあうだけで、こうした新事態現象の理論的解明を為しえなかった。以降、この種の国際紛争に関する対応能力を失ったまま今日に至っている。

【日航機よど号乗っ取り事件】

3月、赤軍派議長塩見孝也（28歳・京大）が逮捕されている。3月31日、赤軍派による日航機よど号乗っ取り事件（ハイジャック）が発生。マスコミが大々的に報道し、多くの視聴者が釘付けになった。この事件の首謀者達は北朝鮮に入国したままとなっており、現在まで日朝の政治案件となっている。

これについて筆者は思う。よど号赤軍派の主義主張の是非はともかく、乗客を危めなかったことと、金浦空港偽装工作を見抜き目的通りに北朝鮮に向かったことを評価する。なお、当時のハト派政権が並々ならぬ配慮で根回しし、被害最小限に押えている手際をも高く評価する。

【4・28沖縄デー闘争】

4月28日、沖縄デー。各地でデモ。10余万名参加。反代々木系1万6千600名（うちべ平連など市民団体8千名）結集。集会の途中、革マル派の参加に対し他党派がこれを実力阻止しようとして内ゲバ起こる。べ平連6月行動委が、これに抗議して主催団体を降りる。6月行動委の隊列から逮捕者4名。重軽傷者各1名。

【カンボジア侵略抗議集会】

5月、全共闘、反戦青年委などカンボジア侵略抗議集会。2千500名結集、デモ。べ平連等市民団体は不参加。5月29日、カンボジア侵略抗議で全共闘、反戦青年委、1万7千名がデモ。

【70年安保闘争】

6月、「反安保毎日デモ」が展開される。6月14日、社共総評系のデモ・集会、全国で236カ所。「インドシナ反戦と反安保の6・14大共同行動労学市民総決起集会」、革マル派を含む新左翼党派と市民団体の初の共同行動、7万2千名参加で70年闘争の新左翼の最大動員になった。全国全共闘・全国反戦・べ平連など約1千700名逮捕。6月22日、米国務省、日米安保条約の継続確認の声明。

6月23日、日米安全保障条約、自動延長となる。60年安保闘争に比べて妙に穏和なスケジュール闘争に化し、70年安保闘争はセレモニーで終わった。

【華青闘の新左翼批判事件】

7月7日、東京・日比谷野外音楽堂で、全国全共闘主催の盧溝橋33周年・日帝のアジア侵略阻止人民集会を開催、4千名（うちべ平連550名）結集。席上、華青闘（華僑青年闘争委員会）が、69年入管体制粉砕闘争と65年日韓闘争を通じて、日本階級闘争のなかに被抑圧民族問題を組み込むことを定着させなかったとして新左翼を批判した。中核派がこれを真剣に受け止めることになる。これを「華青闘の新左翼批判事件」と云う。

【日共第11回党大会】

7月、日共の第11回党大会が初公開で開催された。大会の眼目は、「70年代の展望と日本共産党の任務」を大会決議することにあった。それにより「人民的議会主義」路線打ち出し、「70年代の遅くない時期に民主連合政府の樹立」を展望させた。党規約を改正し、組織方針上の大きな改変が行われた。

7月7日、中央委員会幹部会委員長に宮本顕治、書記長に不破哲三就任。新しい中央委員会は、議長に野坂、幹部会委員長にそれまで書記長だった宮顕が自ら就任。副委員長に袴田、岡が選ばれた。初代書記局長には、当時40歳の不破が大抜擢された。書記局次長には、市川正一、金子満広が選ばれた。宮顕子飼いグループによる党乗っ取りが完了した。袴田の役目は終わり、以後不要扱いされていくことになる。

【革マル派活動家リンチ殺人事件】

8月、東京・厚生年金病院前で東教大生・革マル派の海老原俊夫氏の死体が発見され、中核派のリンチ・テロで殺害されたことが判明した。この事件は、従来のゲバルトの一線を越したリンチ・テロであったこと、以降この両派が組織を賭けてゲバルトに向かうことになる契機となった点で考察を要する。両派の抗争の根は深く、いずれこのような事態の発生が予想されてはいたものの、中核派の方から死に至るリンチ・テロがなされたという歴史的事実が記録されることになった。これについて筆者は思う。挑発に乗せられたとみなしているが、例えそうであったとしても、この件に関して中核派指導部の見解表明がなされなかったことは、指導能力上大いに問題があったと思っている。理論が現実に追いついていない一例であると思われる。

この事件後革マル派は、直ちに「中核派殲滅戦宣言」を発し、8月14日、中核派に変装した革マル派数十名が法政大に侵入し中核派学生を襲撃、十数人に残忍なテロを加え報復した。以降やられたらやり返す際限のないテロが両派を襲い、有能な活動家が失われていくことになった。

【三島由紀夫クーデター未遂】

11月、作家三島由紀夫と同氏が率いる「楯の会」会員4名が、東京・市ヶ谷自衛隊内に潜入、陸自東部方面総監を監禁し、クーデターを扇動、三島と森田必勝が割腹自殺を遂げた。この事件も好奇性からマスコミが大々的に報道し、多くの視聴者が釘付けになった。決起文は次のように主張している。

概要「革命青年たちの空理空論を排し、われわれは不言実行を旨として、武の道にはげんできた。時いたらば、楯の会の真價は全国民の目前に証明される筈であつた。日本はみかけの安定の下に、一日一日、魂のとりかへしのつかぬ癌症状をあらはしてゐる、日本が堕落の淵に沈んでも、諸君こそは、武士の魂を学び、武士の練成を受けた、最後の日本の若者である。諸君が理想を放棄するとき、日本は滅びるのだ。私は諸君に男子たるの自負を教へようとそれのみ考へてきた」。

これについて筆者は思う。こうした右派系の運動と行動について、少なくとも論評をかまびすしくしておく必要があるのではなかろうか。この決起文に感応すべきか駄文とみなすべきか自由ではあるが、左翼は、こうした主張に対してその論理と主張を明晰にさせ左派的に対話する習慣を持つべきではなかろうか。機動隊と渡り合う運動だけが戦闘的なのではなく、こういう理論闘争もまた果敢に行われるべきではなかろうか。今日的な論評としてはオウム真理教なぞも格好の素材足り得ているように思われるが、なぜよそ事にしてしまうのだろう。百家争鳴こそ左翼運動の生命の泉と思われるが、いつのまにか統制派が指導部を掌握してしまうこの日本的習癖こそ打倒すべき対象ではないのだろうか。

【「革命左派」の赤塚交番襲撃】

12月、「革命左派」（京浜安保共闘）の3名が、東京都練馬区の志村署上赤塚交番を襲撃するが、軍事委員の柴野春彦（24歳、横浜国大）が射殺される。残りの2名も弾丸を浴び重傷を負い逮捕される。この事件は、川島の「奪還命令」を受け、その為の銃を手に入れる必要から交番襲撃をすることになり上赤塚交番が選ばれたことによる。この「闘争」は赤軍派から評価され、赤軍派と急激に接近することとなった。赤軍派発足時の一人の花園は、12・18闘争を高く評価し思想、政治路線でも毛沢東思想、反米愛国路線を支持し、川島と同志的連帯を表明する。

【70年安保闘争考察とその後概略】

「れんだいこの学生運動論」は、本章70年安保闘争でもって一応終結させる。その理由は、70年安保闘争以降の諸闘争を追跡していくことは可能ではあるが、学生運動のひながたが既に出尽くしており、多少のエポックはあるものの、これという新たな質が認められないからである。筆者が思うに、70年安保闘争を平穏無難にやり過ごす能力によって熱い政治の季節を基本的に終了させたのではなかろうか。これ以降は、次第に運動の低迷と四分五裂化を追って行くだけの非生産的な流れしか見当たらない。

それまでの学生運動は、時の政治課題に対していち早く飛びつき情況打開の突破口的役割を任じ肉薄せんとしていたが、70年安保闘争以降は政治闘争自体がアリバイ闘争化し始め、それも次第に衰微して行くことになる。どういう訳か、権力中枢機関や国会に向かう闘争が組織されなくなり、散発的且つセンセーショナルな事件化が風靡し始めた。それが如何に過激に為されようとも、マスコミの好餌となるだけのものでしかなくなった。自然にそうなったのか誘導されたのかは分からないが、日本左派運動が隘路に陥ったのは確かである。

急進派は、呼号するところの体制打倒に向かう訳でもなく、せいぜい抵抗運動を演じながら最終的にどれもこれも潰えた。穏和派は、社共政権構想をますます遠景に退け、左派運動と云うよりネオシオニズム配下的サヨ運動と云う化けの皮を正体露にしつつ潰えた。こうなると、そういうものを検証してみても政治論的には意味がないと考える。そういう理由で、筆者の学生運動論は、本章70年安保闘争でもって一応終結させることにする。

ここまで辿って見て云えることとは、戦後余程自由な政治活動権を保障されたにも関わらず、左翼運動の指導部が人民大衆の闘うエネルギーを高める方向に誘導できず、左右両派ともそれぞれの呪縛に陥ってしまったのではなかろうかということである。この呪縛を自己切開しない限り未だに明日が見えてこない現実にあると思われる。他方で、70年代の日本は、第二次世界大戦の敗戦ショックからすっかり立ち直り、戦後の再編を政治日程化させ、左翼の無力を尻目に次第に大胆に着手して行く。「お上」の政治能力の方が、左翼より格段と勝れていることを示した。

問題は、本音と自己主張と利権と政治責任を民主集中制の下に交叉させつつ派閥の連衡戦線で時局を舵取るという手法で、戦後の社会変動にもっとも果敢に革新的に対応し得た自民党は、戦後政党政治の旗手田中角栄を自ら放逐した辺りから次第に求心力を失い始め、80年代初頭の中曽根政権登場とともに流れを変え、90年頃より統制不能、対応能力を欠如させているにも拘わらず、これを打倒する政治運動が現れない。現代政治の貧困はここに真因があると思われる。

別章　戦後学生運動補足―余話寸評

筆者が学生運動論を書くに当たって、どうしても云いたい事は序文で述べた。ここでは、その補講として、納め切れなかった「論評」、「余話」を書き記すことにする。いずれも重要な補足であると自負している。

【マルクス主義受容の精神風土考】

ここで原理的な問いかけをしておこうと思う。この時期の学生にとって、マルクス主義受容の精神風土的根拠についての考察である。筆者の捉え方が一般化できるのかどうか分からないが、あまり変わりないものとして推定する。

当時の学生をも取り囲む社会は、敗戦の混乱から復興へ向けての産業資本の発展過程にあり、同時に冷戦下での米ソ二大陣営の覇権競争期に直面しており、国内外にわたって第二次世界大戦後の新秩序創造へ向けてのイニシアチブ闘争に突入していた。

この時代、社会の諸事象に内在する矛盾に目覚めた者は、過半の者が必然的とも云える行程でマルクス主義の洗礼へと向かっていった。それが時代のふんいきであった。マルクスの諸著作は、必然的な歴史的発展の行程として資本制社会から社会主義へ、社会主義から共産主義の社会の到来を予見していた。社会主義社会とは、「能力に応じて働き、労働に応じて受け取る」社会であり、共産主義社会とは、「能力に応じて働き、必要に応じて受け取る」社会であった。この社会に至ることによって、はじめて社会の基本矛盾が出藍（止揚、揚棄）されていくことになる。もっとも、この革命事業の手法をめぐって見解と運動論の違いが存在した。

なお、この道中には過渡期が存在する。しかし、資本主義の墓掘り人としてのプロレタリアートの階級的利益の立場に立って、プロレタリアート独裁権力を通じてその歴史的任務をより合法則的に作動させていくならば、いわばより効率的な社会に向かうことができ、その知性と強権の発動のさせ方に前衛党の任務と責務がある。気がつけば国家が死滅しており、人々の助け合いのユートピア社会が実現している。その行程の一助になる革命事業のためならば、私的一身の利害は捨てても惜しくはない。当時の革命家はかく了解していた。

こうして、「マルクス共産主義は、それまでの社会科学の集大成によって創られた無縫の天衣である。人間を包み込んで尚あまりあるもの。人間のどんな要求も呑み込み消化し社会の創造維持発展の養分にしてしまえる仕組み、と思っていた。沸き上がってくる望みや理想は全てそこから引き出せる」（『戦後史の証言ブント』榊原勝昭）とでも云える認識で、即興の左翼活動家が生み出されていったのではなかろうか。

筆者の場合、あれから40年近くの歳月を経て、このような階級闘争史観で万事を無理矢理解くには不都合な事象にも出くわしてきており、そのようなものの見方に対しては二歩三歩遠景から眺めるようになっている。「これはもう感情的な問題や。政策とか路線の問題じゃない。感情論の問題というのは修復し難いんですよ、歴史を見ても。どないもならへん」(『戦後史の証言ブント』星宮)というマルクス主義で、万事解決するわけではない物言いには根拠があると思うようになっている。

とはいえ、他方で今日的な社会現象としての人と人とのスクラムのない閉塞状況からすれば、ますます当時の青年学生がつかもうとして挑んだ行為が、美しくさえ見えてきてもいる。そういう者たちの青春群像による運動的事実が、戦後史に存在したことは史実である。

戦後直後の学生運動指導部は、自然と共産党党員活動家が担っていくことになった。この当時の日本共産党が、他のどの政党にも増して青年運動の重要性を認識していたということでもあろう。受け止める側の方も、戦前来の不屈の抵抗運動を繰り広げた実績を崇敬し、最も信が置け頼り甲斐の有る「革命の唯一の前衛」という象徴的権威で認めていた。

ちなみに、共産党の青年運動の指導にも、レーニンとスターリンには大きな違いがあった。レーニンは、青年を「未来の主人公」と位置づけ、青年運動に自由、自主、自発性を与え重んじていた。レーニンは、「青年インターナショナルについての覚書」の中で次のように述べている。「青年は何か新しいものだから『先輩とは違った道を通り、違った形で、違った条件のもとで』社会主義に近づくということを忘れてはならない」。ところが、その後を受け継いだスターリンとなるとガラリと変わる。スターリンは青年運動に指針を与えたが、「党の統制に服す青年運動」を重視した。この当時、レーニン、スターリンは社会主義革命の偉大な指導者として聖像視されていたが、その両者に於いて指導方法がかくも異なっていたということを知らねばならない。

これについて筆者は思う。今日では、そのレーニン的指導の胡散臭さも暴露されつつある。それればかりかロシア10月革命の偉業が、ロスチャイルド派国際金融資本帝国主義の支援によるロマノフ王朝解体事業の一環でしかなかったという実態が明らかにされつつあり、ロシア10月革命を手放しで礼賛し学ぶ時代は終わったということになる。付言しておけば、そういう目線で見れば、マルクス主義そのもののネオシオニズムとの通底、両者の相似と差異についても再検証せねばならないことになる。但し、この当時に於いてはそういう裏舞台が見えておらず、純粋無垢にマルクス主義とロシア10月革命史が崇敬されていたという事情がある。この息吹を踏まえなければ、この時代の青年学生運動の熱情が捉えられない。

問題は、日本左派運動が、レーニズムよりもなお統制的なスターリニズムの方を継承したことにある。この当時、トロツキズムは視野にさえ入らなかった。日本左派運動は、レーニズムとスターリニズムの識別さえできぬままスターリニズムを継承し、これを伝統とさせていくことになった。それを社会主義的正義と勘違いしたまま受け入れていくことになった。その結果、「似ても似つかぬ左派運動」に辿り着くという負の影響を及ぼしていくことになったことにある。この汚染が今も続いていると心得るべきであろう。

【日本型トロツキズム考、不破式科学的社会主義考】

戦後学生運動の一こまとして、トロツキズム運動の誕生がある。戦後学生運動の昂揚と挫折、それを指導した日共内の政変（徳球系から宮顕系への宮廷革命）、ソ共内でのスターリン批判、フルシチョフ式平和共存路線、1956年6月のポーランド・ボズナンの暴動、同じ10月のハンガリー・ブタペストの蜂起、それに対する国際共産主義運動側の弾圧等々の経過が、戦闘的左翼に深い幻滅を与えていった。こうした事情を背景として、1957年頃から様々な反日共系左翼が誕生することとなった。

これを一応新左翼と称することにする。新左翼が目指したのはほぼ共通して、スターリン主義によって汚染される以前の国際共産主義運動への回帰であり、必然的にスターリンと対立し放逐されたトロツキーの再評価へと向かうことになった。この間のスターリニズム体制下の国際共産主義運動においては、トロツキズムは鬼門筋として封印されていた。つまり、一種禁断の木の実とされていた。そのトロツキー理論を受容し、スターリニズム批判の観点を獲得していくことが時宜に適うテーマになり、こうしてトロツキズムの諸潮流が生まれることになる。

スターリン政治の全的否定が相応しいのかどうか別にして、スターリンならではの影響として考えられることに、党内外の強権的支配と国際共産主義運動の「ソ連邦を共産主義を祖国とする防衛運動」へのねじ曲げが認められる。戦後の左翼運動のこの当時に於いて、スターリン主義のこの部分がにわかにクローズアップし批判されてくることになった。逆に、スターリン流「祖国防衛運動」に対置されるトロツキーの「永久革命論」(パーマネント・レボリューション)が脚光を浴び、席巻していくこととなった。今日から見てこの流れが正しいかどうかは別として、この経緯には史的必然性があったと看做すべきだろう。

こうして、日本に於いてもトロツキズムが受容されることになった。この時の日本トロツキズム運動の根底にあったものを、「日本における革命的学生の政治的ラジカリズムと、プチブル的観念主義が極限化して発現したもの」とみなす見方があるが、そういう見方の是非は別として、この潮流も始発は戦後の共産党運動から始まっており、党的運動の限界と疑問からいち早く発生しているということが踏まえられねばならないであろう。つまり、日共側の内省無しの日本トロツキズム批判は、為にするものでしかないということになる。

宮顕理論に拠れば、一貫してトロツキズムをして異星人の如くいかがわしさで吹聴しつつ党内教育を徹底し、トロツキストを「政府自民党の泳がせ政策」の手に乗る「反党」(ここは当たっている。筆者注)、「反共」(ここが詐術である。筆者注)主義者の如く罵倒していくことになるが、筆者にはそうした感性が共有できない。前述した「党的運動の限界と疑問からの発生」という視点で見つめる必要があろう。

ところで、今日の時点では漸く日共も含め左翼人の常識として「スターリン批判」に同意するようになっているが、不十分なように見受けられる。なぜなら、「スターリン批判」は、「トロツキー評価」と表裏の関係にあることを思えば、「トロツキー評価」に向かわない「スターリン批判」は、俗に云う片手落ちだろう。

もっとも、日共の場合、不破の専売であるが、その替わりに「科学的社会主義」なる造語で乗り切りしようとしている。「科学的社会主義」なる云い回しの中で、一応の「トロツキー評価」も組み込んでいるつもりかもしれない。が、あれほどトロツキズムを批判し続けてきた史実を持つ公党としての責任の取り方としてはオカシイのではなかろうか。スターリンとトロツキーに関して、それこそお得意の「自主独立的自前」の史的総括をしておくべしというのが筋なのではなかろうか。自主独立精神の真価は、こういう面においてこそ率先して発揮されるべきではないのか、と思われるが如何であろうか。不破式「科学的社会主義論」は姑息である。そう、いつも不破は姑息である。

ちなみに、筆者は、我々の運動において一番肝心な、スターリンとトロツキーとレーニンの大きな相違について次のように考えている。理論的相違は置いておくとして、組織論に於けるこの相違は、党運動の中での見解とか指針の相違を「統制しようとするのか」対「認めようとするのか」をめぐっての気質のような違いとしての好例ではないかと。レーニンは、ややスターリン的に具体的な状況に応じてその両方を使い分ける「人治主義」的傾向を持っていたのではなかったのか。そういう手法はレーニンには可能であったが、スターリンには凶暴な如意棒に転化しやすい危険な主義であった。晩年のレーニンは、これに臍を噛みつつ既になす術を持たなかったのではなかったか。

スターリン手法とトロツキー手法の差は、どちらが正しいとかをめぐっての「絶対性真理」論議とは関係ないことのように思われる。運動論における気質の差ではなかろうか。「真理」の押しつけは、統制好きな気質を持つスターリン手法の専売であって、統制嫌いな気質を持つトロツキー手法にあっては煙たいものである。運動目的とその流れで一致しているのなら「いろいろやってみなはれ」と思う訳だから。但し、トロツキー手法の場合「いざ鎌倉」の際の組織論、運動論を補完しておく必要があるとは思われるが。実際のトロツキー手法は別かもしれないが、一応このように理解しておくことにする。

ついでにここで云っておくと、今日の風潮として、自己の主張の正しさを「強く主張する」のがスターリン主義であり、ソフトに主張するのが「科学的社会主義」者の態度のような踏まえ方から、強く意見を主張する者に対して安易にスターリニスト呼ばわりする傾向があるように見受けられる。これはオカシイ。

強くとかソフトとかはスターリン主義とは何の関係もない。主張における強弱の付け方はその人の気質のようなものであり、どちらであろうとも、要は交叉する意見、見解の相違をギリギリの摺り合わせまで公平に行うのか、はしょって権力的にまたは暴力的な解決の手法で押さえつけつつ反対派を閉め出していくのかどうかが、スターリニストかどうかの分岐点ではなかろうか。こう考えると、宮顕イズムは典型的なスターリニズムであり、不破のソフトスマイルは現象をアレンジしただけのスターリニズムであり、同時に日本トロツキズムの排他性も随分いい加減なトロツキズムであるように思われる。

ところで、こうしてスターリニズムの対極としてトロツキズムが模索されていったが、今日に於いてはネオシオニズムのプリズムに照らせば、レーニズムもスターリニズムもトロツキズムも、現代世界を牛耳るロスチャイルド派国際金融資本の走狗としての役割を担っていたことが判明しつつある。つまり、どちらも手放しで礼賛できないということになる。と云うことは、この当時に於いてはスターリニズムの幻滅によりトロツキズムへ傾斜していったという時代の流れを淡々と確認すれば良いということになろう。

【トロツキズム天敵考】

こうして、日本左派運動内にトロツキズムの諸潮流が登場することになったが、この流れの由来をあたかも異星人・異邦人の到来であるかにみなす傾向が、今日もなお日本共産党及びその感化を受けた勢力の中に認められる傾向について、どう思うべきだろうか。

今筆者は、川上徹編集『学生運動』を読み始めている。気づくことは、前半の語りで該当個所に関してマルクス・レーニンの著作からの適切な指示を引用しながら、結論部に至って「トロツキスト・修正主義者を一掃しなければならない」という締めの文句を常用としていることである。他方、右翼、ノンポリ、宗教運動家、改良主義者に対しては統一戦線理論で猫なで声で遇することになる。この現象は、一体何なんだろう。それほどトロツキズムを天敵にせねばならない思考習慣がいつ頃から染みついたのだろう。

トロツキズムもまた、世界共産主義運動史の中から内在的に生み出されてきたものである。マルクス主義の弁証法は、社会にせよ運動の内部からにせよ内在的に生み出されている事象については格別重視するという思考法を生命力としている、と筆者は捉えている。トロツキズムをあたかも、戦前調のアカ感覚で捉え誹謗している現在の日共運動の反動的感覚をこそ問題にしたい。

運動の中から生まれた反対派に対して、日共党指導部が今なお吹聴しているような原理的敵視観のレベルで、マルクス、レーニンがそのように云っているという文章があるのならそれを見せて欲しい、と思う。例によって宮顕に戻るが、この論調は宮顕が最も得意とする思考パターンであり、戦前は党内スパイ摘発騒動の際に対して使われた経過がある。いわゆる「排除の強権論理」であるが、この外在的思考習慣から我々は何時になったら脱却できるのだろうか。

【国会突入考】

60年安保闘争時、全学連主流派は、「国会へ国会へ」と向けて闘争を組織していくことになる。実際に、今日では想像できない規模の「労・学」数十万人による国会包囲デモが連日行われ、全学連は、その先鋒隊で国会突入を再度にわたって貫徹している。

筆者は、「時代の雰囲気」がそう指針させたのだと了解している。が、果たして「国会突入」にどれほどの戦略的意味があるのだろうかという点につき考察に値する。というよりも、一体「国会」というのは何なんだろうと考えてみたい。恐らく、「国会突入」は、「左」からの「国会の物神化」闘争であったものと思われる。後の全共闘的論理から云えば、「国会の解体」へと向かおうとした闘争であったということになるが、こういう運動は何となく空しい。

私論によれば、「国会」は各種法案の審議をするところである。なぜその充実化（実質審議、少数政党の見解表明時間の拡充、議員能力の向上等々）のために闘わないのだろう。「国会」がブルジョアのそれであろうが、プロレタリアのそれであろうが、審議の充実化こそが生命なのではなかろうか。「国会」を昔からの「村方三役の寄合談義の延長の場」と考えれば、その民衆的利益の実質化をこそ目指すべきで、寄合談義がいらないと考えるのはオカシイのではなかろうか。審議拒否とか牛歩戦術とかの伝統的な社会党戦術は、見せかけだけのマイナーな闘い方であり、闘うポーズの演出でしかないと思う。こうしたええ格好しい運動を厳しく指弾していくことも必要であったのではなかろうか。

このことは、党運動の議員の頭数だけを増やそうとする議会主義に対しても批判が向けられることを意味する。これもまた右からの「国会の物神化」運動なのではなかろうか。一体、不破を始めいろんな論客が国会答弁の場に立ったが、その貴重な時間において名演説を聞いたことがない。党首会談の中身がお粗末すぎる。云わねばならぬことは、呻吟する労働者階級の怨嗟の声を叩きつけること、あるいはまた、中小・零細企業の壊滅的事態の進行に対する無策を非難すべきではないのか。云うべきことを云わぬ代わりに良く「道理」を説いてくれるので、いっそのこと「日本道理党」とでも名称をつけて奮闘されるので有れば何も云うことはないが。

【「唐牛問題」考】

ここで、「唐牛問題」を取り上げる理由は、この件に関して、第一次ブント側が当時も今も、宮顕――不破系の論理に太刀打ちできていない事情を切開してみたい為である。それは唐牛氏の冤罪を晴らす為でもあるし、田中清玄氏への偏見を晴らす為でもあるし、総じてこの問題に現れる日共論理を内部から排撃しない限り、日本の左派運動が隆盛を見ないと思うが故にである。

新左翼側が日共運動を批判しつつも、なぜそれに代わる自前の運動を創出できないのか。その原因として、「唐牛問題」に典型的に見られるように日共論理を真に克服し得ていないという理論面での貧困が横たわっているが故ではなかろうか。史実は、新左翼側が理論で克服するのではなく、日共に対してぶつけるようにして怨情的な批判運動を展開させていくことになった。党派運動におけるこうした理論面でのひ弱さとその反動としての怨情化運動は、利益にならないのではなかろうか。このままいくら待てど暮らせど、筆者以外にこの問題を取り組む人士が出そうにないので、ここで敢えて考察してみたい。

「唐牛問題」は、以下の点で採り上げるに値する。その第一の資金カンパについて、島氏は次のように述べている。概要「安保では、月に１０００万円の規模でカネが必要だった。全学連の加盟費なんかで足りるわけはない。文化人からも集め、街頭カンパもやった。条件のつかないカネなら、悪魔からだって借りたかった。田中清玄が援助してくれるという話があったとき、相手が田中だと知っていたのは、幹部と財政部員だけだが、条件なしなら貰っちまえという判断になった。全体からいえば、田中のカネなんか一部分で、大したものではない」。

唐牛自身、次のように述べている。「北小路が委員長になった36年の17回大会の経費も、田中とM氏のカンパで賄ったんじゃないかな。全学連にはカネが無かったですよ」。

つまり、田中清玄のカンパは事実と認めたうえで、金に忙しい当時にあっては止むを得なかったと弁明していることになる。筆者は、なぜ堂々と「ヒモの付かない金なら誰からでも貰う」と居直らなかったのかと思う。ここに拘る理由は、日本左派運動の衛生的なまでの潔癖病癖を疑惑したいためである。

「唐牛問題」の第二は、日共批判のイカガワシサを確認したい為である。日共は、田中清玄を「名うての反共右翼である」としてイカガワシサを浮き上がらせたが、この論法そのものが臭い。田中清玄氏は、戦前の武装共産党時代の委員長であり、その経験が60年安保を闘い抜くブントの面々に共鳴したとして何らオカシクはない。むしろ、史実的に見て功績の有る武装共産党時代の評価を意識的に貶め、何の変哲もないむしろ反動的指導に明け暮れしている日共が、田中清玄とブントの双方を一挙に叩く手法こそイカガワシイのではないのか。そう批判したいが為に注目する。

「唐牛問題」の第三は、当時のブントの面々が日共の執拗な喧伝にほぼ諸手を挙げて投降している様を見るに付け反論したいためである。筆者なら、こう反論する。

「田中清玄氏は、あなたがたの党の前身である戦前の武装共産党時代のれっきとした党委員長であり、転向後政治的立場を民族主義者として移し身していくことになった。これは彼のドラマであり、我々の関知するところではない。その彼が、当時においては政治的立場を異にするものの、当時の我々のブント運動に自身の若き頃をカリカチュアさせた結果、資金提供を申し出たものと受けとめている。氏の『国家百年の計』よりなす憂国の情の然らしめたものでもあった。ブントは、これにより政治的影響を一切受けなかったし、当時の財政危機状態にあっては有り難い申し出であった。

もし、これを不正というのであれば、宮顕の戦前の党中央進出過程と戦後の党分裂期の国際派時代の潤沢な資金、トラック部隊への関与、その他日共へのソ連共産党資金ルート等々について究明していく用意がある。何より、宮顕の戦前の小畑中央委員リンチ致死事件には重大な疑惑があり、これを徹底解明していく決意である」

こう反論すべきところ、宮顕を「戦前唯一無比の非転向最高指導者」と勝手に懸想《けそう》して聖像視する理論レベルでしかなかったから、切り返せなかった。理論の貧困が実践の貧困に繋がる格好例であろう。

【暴力路線考】

ここで、学生運動内における暴力の発生と、そうしたゲバルト路線の定式化に関する是非について考察してみたい。既に「全学連第11回大会」に於いて、全学連主流派による反主流派（党中央派）の高野グループ派の暴力的な追いだしが発生しているが、これより後左翼運動内にこの暴力主義的傾向が次第にエスカレートしていくことになる。

最初は、反日共派による日共派への暴力であったが、この勢いは追って反日共派諸派内にも無制限に進行していくことになる。恐らく「暴力革命論」上の社会機構の改変的暴力性を、左翼運動内の理論闘争の決着の付け方の手法にまで安易に横滑りさせていったのではないかと思われる。

良し悪しは別にして、理論を創造しないまま暴力を無規制に持ち込むのは、マルクス主義的知性の頽廃なのではなかろうか。あるいはまた、警官隊→機動隊との衝突を通じて暴力意識を醸成していった結果、暴力性の1人歩きを許してしまったのかもしれない。筆者はオカシイと思うし、ここを解決しない限り左翼運動の再生はありえないとも思う。

「党内反対派の処遇基準と非暴力的解決基準の確立」に対する左翼の能力が問われているように思う。「意見・見解の相違→分派→分党」が当たり前なら星の数ほど党派が生まれざるをえず、暴力で解決するのなら国家権力こそが最大党派ということになる。その国家権力でさえ、「一応」議会・法律という手続きに基づいて意思を貫徹せざるをえないというタガがはめられていることを前提として機能しているのが近代法治主義の原則であることを思えば、左翼陣営内の暴力性は左翼が近代以前の世界の中で蠢いているということになりはしないか。暴力性の最大党派国家権力が、暴力性を恣意的に行使せず、その恩恵の枠内で弱小党派が恣意的に暴力を行使しうるとすれば、それは「掌中」のことであり、どこか「怪しい甘え」の臭いがする、と思っている。

ついでにもう一つ触れておくと、この時期全学連は当然のごとくに立ちはだかる眼前の敵警官隊→機動隊にぶつかっていくことになるが、彼らこそその多くは高卒の労働者階級もしくは農民層の子弟であった。大学生エリートが、その壁を敵視して彼らに挑まねばならなかった不条理にこそ思い至るべきではなかろうか。街頭ゲバルト主義化には時の勢いというものもあるのであろうが、ここで酔うことは許されない限定性のものであるべきだとも思う。

頭脳戦において左翼は、体制側のそれにうまくあやされているのではなかろうか。この観点は、戦前の党運動に対する特高側の狡知に党が頭脳戦においても敗北していたという見方とも通じている。それはそれとして、それにしても60年安保闘争時に見せたブントの闘いは、日本大衆闘争史上例のない成功裡なものとして評価せねばならないだろう。

【全共闘運動考】

ここで、全共闘運動に言及しておく。まずはこれを限定的に語りたい。全共闘運動はあくまで大学生運動であり、中卒・高卒者を含む青年労働者をも巻き込んだ広範な政治運動までには発展していかざる枠組み内の、限定的エリート的な学生運動であったという階層性に注意を喚起しておきたい。この「青年左翼闘争に於けるエリート階層性」という特質は、日本共産党の結党以来宿痾の如くまといついている日本左翼運動の特徴であり、どういう訳かマルクス主義を標榜しながら労働者階級を巻き込んだ社会的闘争には一向に向かわないという傾向が見られる。

全共闘運動は、全国規模の学園闘争として60年安保闘争に勝るとも劣らない運動を展開させていくことになったが、「かの戦闘的行為」に対して庶民一般大衆が抱いた心情は、「親のすねかじりでいい気なもんだ」という嫉視の面もちで受け流されていた風があった。このこと自体は、発生期の事実的特徴として必要以上には批判的に問題にされることもないかもしれないが、運動の主体側の方もまた「ある種のエリート意識に囲い込んだまま終始させていた」ということになると問題にされねばならないように思う。この観点からすれば、日共系も反日共系も同根の運動であり、これは日本の左翼運動の今に変わらぬ病弊のように思われる。つまり、「ブ・ナロード」の能力を持たない自閉的エリート系左翼運動が、今日まで続いているという負の現象をまずは認めておこうと思う。

そうであるにせよ、この当時このような学生左翼青年を澎湃と排出せしめた要因は何であったのだろうか。当時の国際的なスチューデントパワーの流れ、国内外の社会情勢、社会主義イデオロギーが幅を利かせていた限りでの象牙の塔内の動き等々にも原因を求めることもできようが、筆者は少し観点を異にしている。

恐らく、戦前然り、戦後はいやましに自由を得た日本共産党の党的運動が、急速に社会の隅々まで影響を及ぼしていった先行する事実の余波があり、当時の党運動の指導者・徳球書記長時代の穏和路線から急進主義をも包摂した野放図な運動の成果が底バネになって、はるか20年後のこの頃の青年運動に結実していったのではないのか、という面も考察されるに値するのではなかろうか。

徳球時代には、戦前戦後を通じて我が身の苦労を厭わず社会的弱者の利益を擁護して闘った共産党員の「正」の遺産が継承されており、この遺産がとりわけ青年運動に対して大きな影響を与え続けていたのではないのか、という評価をする必要があるのではなかろうか。ということは、徳球執行部の運動の成果を、宮顕式「50年問題について」的に没理論性（これは事実ではない！）の面や家父長的な指導による非機関主義的な党運営手法等の否定的面をのみ総括して済ますやり方は酷であり、そういう総括の仕方は非同志的な似非左派宮顕式ならではの処理法ではないのかと気づくべきであろう。

何にせよ、如何にして時の青年を取り込むのかは非常に大事なキーワードであり、この点においてむしろ徳球時代の党運動は成功していたのではなかろうか、と思う。徳球書記長の没し方を見ても分かるように、彼の深紅の闘志は本物であったのであり、その懐刀伊藤律を始め徳球の周りに結集していた数々の人士の場合も然りである。徳球時代は、戦後直後のわずか6年有余の実績の中でさえ、確実に明日の党建設につなげる種子を蒔いていたのではなかろうか。

ということは、今日の党運動における青年運動の肌寒さが、逆に照射されねばならないことを意味する。宮顕式党路線の真の犯罪性は、彼らが執行部に納まって以来50年にもならんとするのに、青年運動を全く逼塞させてしまったことに顕著に現れているように思われる。彼らは口先ではいろいろ云うが、今日の低迷状況に関して何ら痛痒を感じていない。そのオタク性こそ凝視されるべきであると考える。

その長期にわたるいびつな党指導の結果、今日においては共産党の「正」の遺産は、既に食いつぶされてしまったのではないのか。今日の党員像は、かつての周囲の者に支持されつつリーダー的能力を発揮していた時期から大きく脱輪しており、体制内「道理」化理屈による非マルクス主義的「ご都合科学主義的社会主義」運動方向へ足を引っ張るややこしい行動で、周囲から「只の人」、もしくは「ひんしゅく者」扱いされるそれへと移行してしまっているのではないのか。

果たして、青年運動を牢とした枠組みで括って恥じない宮顕――不破執行部は、日本共産党の党運動の正統な継承者なのだろうか、疑問を強く呈してみたい。ちなみに、筆者は、宮顕「個人」にとやかく言っているつもりはない。党の最高指導者としての氏の政治的立場に対して、批判を加えているつもりである。弱きを助け強きをくじく精神を最も誇り高く持ち合わせて出発した日本共産党の党是の精神を尊びたいがために、そのような精神とずれたところで党の頂点に君臨し続けた氏の政治的責任を追及しているつもりである。指導者の影響力はそれほどに強く、政治的責任というものはそれほどに重いと思うから。ところで、そうした変調振りをあからさまにしている宮顕の「無謬神話」は、どこから生まれているのだろうか、私には分からないオカルト現象である。

もう一つの私的な観点からの考察を添えておく。仮説として考えているが、どなたのルポであったか忘れたが、韓国・中国・ベトナムと旅をしてみてベトナムにやって来たとき一番ホッとしたと云う。まるで故郷に先祖帰りしたような気持ちになったと云う。ルポ作家がこのように民族的同一性を文学的に表現しているのを読んだとき、筆者には思い当たったことがあった。

わが国でひときわベトナム反戦闘争が沸き起こったことには、民族的同一性からくる義憤という目には見えない根拠があったのではないのかと。最新の生物分子学におけるＤＮＡ研究の語るところに拠れば、遺伝子は過去の生物的進化情報を記憶しており、この情報は何らかの底流で

「生きている」とも云う。つまり、わが国におけるベトナム反戦闘争は、その昔に血を分けた同胞がアメリカ軍によって苦しめられている様を見て先祖の血を騒がせたのではなかったのか、という仮説に辿り着く。その根拠を今現在の科学的水準で説明することは難しいが、そういうことはありうるという超常現象的考えを持っている。

更に筆を滑らせれば、この血の同盟による日本――ベトナム民族こそ、16世紀以降の欧米列強による白色植民地化イズムに互して唯一といって良いほどに能く闘い得た民族であるという歴史的事実があり、こうした認識の仕方はもっと注目されても良いとも思ったりしている。簡単に言えば、日本――ベトナム民族は、自治能力と民族的イデオロギー形成能力の高い民族で、日本の大東亜戦争、ベトナムの民族解放戦争は世界史的意義を持っているのではないかということであり、この点に関しては我々はもっと自信と関心を持てば良いのではないのか。

但し、これが「負」の面に立ち現れれば、欧米白色イズムに勝るとも劣らない隣接諸国に対する侵略者としても立ち現れることにもなる。大東亜戦争はその大義名分にも関わらずこの「負」の面の現われであり、解放後のベトナムのカンボジア・ラオス侵略もまたそうであるように思われる。とはいえ、大和民族の優秀性とは云ってみても、第二次世界大戦における敗戦と今現在進行させられつつある国債大量発行自家中毒的経済的敗戦渦中は、その能力の二番手性をも証左していているとも思っている。アングロ・サクソン系、その中枢に君臨しているネオシオニスト・ユダヤの狡猾さには遠く及ばないということである。ワンワールド化時代におけるこういう民族的自覚と認識は、保持していいて一向に差し支えないとも思っている。

もとへ。全共闘運動はノンセクト・ラジカルの澎湃な出現を前提とせずには成立しなかった。ノンセクト・ラジカル出現の背後に何があったのであろうか。筆者は、1967年初頭の中国の文化大革命の影響を認める。この頃、中国では文革が本格化し、紅衛兵を巻き込んで毛沢東――江青――林彪の文革派による劉少奇――鄧小平の実権派に対する一大奪権闘争の様相を見せ始めていた。「造反有理」を訴える大字報壁新聞が登場し、紅衛兵たちが毛語録をかざして連日、町に繰り出してデモを行い始めた。中国全土が内戦化し始めていた。この花粉が日本の青年学生運動に影響を与え、日本版紅衛兵とも云うべきノンセクト・ラジカル、新左翼活動家を生み出して行ったと見なしたい。もう一つ、この時期、ベトナム戦争が泥沼化の様相を見せ始め、本国アメリカでも良心的兵役拒否闘争、ジョーン・バエズら反戦フォーク歌手の登場、キング牧師の黒人差別撤廃、ベトナム反戦闘争が活発化する。フランス、ドイツ、イギリス、イタリアの青年学生もこれに呼応し学生運動が国際化し始めた。この当時、邪悪なアメリカ帝国主義と、それに抵抗するベトナム民族人民の闘いという分かりやすい正邪の構図があった。この国際的学生運動の波が、我が国にも伝播したと考えるべきではなかろうか。

この頃泥沼化していたベトナム戦争に於いて、日本は日米安保条約の拡大解釈と運用によって兵員や武器の補給基地とされ、日本の船舶まで輸送に使われ、沖縄基地がB52爆撃機の北爆発進基地としてしばしば使われるなど、アメリカ帝国主義のベトナム侵略戦争の前線基地と化していた。日本なしにベトナム侵略は困難と云われるほど、日本はベトナム侵略の総合基地にされつつ、日本は引き続き高度経済成長を謳歌しつつあった。

日本のこの在り方に対する同意し難い感情が、反戦闘争を激化させていった。要は儲かれば何をしても良いのかという不義に対する青年の怒りが生まれた。興味深いことは、ノンセクト・ラジカルと新左翼各派の共同戦線的運動として全共闘が結成されたが、運動の初期においてはこの運動の主導性を行動的にも理論的にもノンセクト・ラジカルの方が握っていたことである。このパワーバランスが、次第にセクトの方へ揺れていくのが全共闘運動の経過となった。

ノンセクト・ラジカルが、非党派を良しとしていた背景に理論的優位性があったためか、単に臆病な気随性のものであったのかは個々の活動家によっても異なるであろうが、全共闘運動がノンセクト運動の可能性と限界性を突きつけた、史上未経験な実験的政治的左翼運動であったことは相違ない。

この運動の実際は、歴史の摩訶不思議なところであるが、片や最エリート校東大と典型的なマスプロ私大校日大という両校によって担われることになった。その要因として、たまたま両校に有能な活動家が出現したということと、両校に教育政策上の権力性がより強く淀んでいたことが考えられる。それにしても、この時期党派であれノンセクトであれ、かなり広範囲に左翼意識者が雨後の竹の子の如く出現し続けた訳であり、今日的水準からすればよく闘い得た素晴らしい青年運動であったと思われる。

なぜこのように評価するかというと、あれは立派なコミニュケーションであったと思うからである。コミニュケーションの通過性こそ人間存在の本質性だと思うから。現在、このコミニュケーションが、矮小化させられていると思うからである。

【民青同のゲバルト考】

「民青同ゲバルト」に言及しておく。上述の一連の政治闘争を担った全共闘運動に、民青同が如何に対置したか。この時の民青同の党指導による「オカシナ」役割を見て取ることは難しくはない。単に運動を競りあい的に対置したのではない。但し、筆者は個々の運動現場においてトロ系によりテロられた民青同の事実を加減しようとは思わない。実際には、相当程度暴力行為が日常化していたと見ている。全共闘系の暴力癖は、諸セクトのそれも含めた指導部の規律指導と教育能力の欠如であり、運動に対する不真面目さであり、偏狭さであったし、一部分においては「反共的」でさえあったと思う。史上、運動主体側が、この辺りの規律を厳格にしえない闘争で成功した例はない。

但し、そういうことを踏まえても、なお見過ごせない民青同による躍起とした全共闘運動つぶしがあったことも事実である。ここに、宮顕が牛耳る党に指導され続けた民青同の反動的役割を見て取ることは難しくはない。単に運動の競りあい的に対置したのではない。「キツネ目の男」として知られる『突破者』の著者宮崎氏が明らかにしている、「あかつき行動隊」による右翼的敵対は誇張でも何でもない。

今日、この時の闘争を指導した川上氏や宮崎氏によって、民青同が「宮顕の直接指令!」により、日共提供資金で、全国から1万人の民青・学生を動員し、1万本の鉄パイプ、ヘルメットを用意し、いわゆる〃ゲバ民〃(鉄パイプ、ゲバ棒で武装したゲバルト民青)を組織し、68年から69年にかけて全国の大学で闘われた全共闘運動に対して、ゲバルトで対抗した史実とその論理は解明されねばならない課題として残されていると思う。

それが全共闘運動をも上回る指針、信念に支えられた行動であればまだしも、事実は単に全共闘運動潰しであったのではないかということを筆者は疑惑している。宮顕派による党運動は、平時においては運動の必要を説き、いざ実際に運動が昂揚し始めると運動の盛り上げに党が指導力を発揮するのではなく、「左」から闘争の鎮静化に乗り出すという癖があり、この時の〝ゲバ民〟はその好例の史実として考察してみたいというのが筆者の観点となっている。

付記すれば、川上氏のその後はどうなったか。何事も無く平穏に終わった70年安保闘争後、〝ゲバ民〟は不要となり切り捨てられた。その顛末は理不尽な粛清劇を垣間見ることになろう。

【左翼サミット考】

締めくくりとして、「左翼サミット」に言及しておく。我々は、そろそろ左翼運動における益になる面と害になる面の識別を獲得すべきではなかろうか。「何を育み、何をしてはいけないか」という考察ということになるが、この辺りを明確にしないままに進められている現下の左翼運動は不毛ではないか、本当に革命主体になろうとする意思があるのかとも思う。例えば、左翼サミットのような共同会議で、史実に基づいた大討議を「民主的運営」でやって見るということなぞが有益ではなかろうか。これができないとしたら、させなくする論理者の物言いをこそ凝視する必要がある。

そもそも議会というものは、意見、見解、方針の違いを前提にして与党と野党が論戦をしていくための機関なのではなかろうか。これがなされないのなら、議会は不要であろう。左翼サミットの場も同様であり、最大党派の民主的運営において少なくとも「国会」よりは充実した運営をなす能力が問われているのではなかろうか。理想論かも知れないが、そういうことができないいまの左翼運動が万一政権を執ったとしたら、一体どういう政治になるのだろう。現下の自民党政治以下のものしか生まれないことは自明ではなかろうか。だから、本気で政権を取ろうともしていないと筆者は見ている。

どうしてこういうことを云うかというと、平たく云って、人は理論によって動く面が半分と気質によって動く面が半分であり、どうしても同化できない部分があるのが当然であり、そのことを認めた上での関係づくり論の構築が急がれているように思われるからである。これが「大人」の考え方だと思う。マルクス主義的認識論は、このようなセンテンスにおいて再構築されねばならないと考えている。

マルクス主義誕生以降150余年、反対派の処遇一つが合理的に対応できないままの左翼戦線に対して、今筆者が青年なら身を投じようとは思わない。むしろ、こういうインターネット通信の方が、自由かつ有益なる交流ができるようにも思われたりする。却って垣根を取り外していけるかもしれない、とフト思った。

著者紹介

れんだいこ

1950年生まれ。1970（昭和45）年、早大法学部入学、1975（昭和50）年卒。1999（平成11）年頃、インターネット界に登場。

現在「人生学院」（http://www.marino.ne.jp/~rendaico/jinsei/）というＷｅｂサイトを「れんだいこ」のハンドルネームで運営し、政治・宗教・思想・歴史・経済問題を評論発信中。ネット上にたすけあい党を結成し、情宣活動中。

検証 学生運動――戦後史のなかの学生反乱

2009年２月25日　第１刷発行

定　価　（本体2000円＋税）
著　者　れんだいこ
装　幀　㈱クリエィティブ・コンセプト
発行人　小西　誠
発　行　株式会社　社会批評社
東京都中野区大和町1-12-10小西ビル
電話／03-3310-0681　FAX／03-3310-6561
郵便振替／00160-0-161276
http://www.alpha-net.ne.jp/users2/shakai/top/shakai.htm
E-mail:shakai@mail3.alpha-net.ne.jp
印　刷　モリモト印刷株式会社